Dr. F. Bengeforth

Der Hovawart

Dr. F. Bengeforth

Der Hovawart

Aktuelle kynologische Themen

2., überarbeitete und ergänzte Auflage

Verlagshaus Reutlingen
Oertel + Spörer

Haftungsausschluß

Die Hinweise in diesem Buch stammen vom Autor.
Es können jedoch keinerlei Garantien übernommen werden.
Eine Haftung des Autors bzw. des Verlages und seiner Beauftragten
für Personen-, Sach- und Vermögensschäden ist ausgeschlossen.

Die Deutsche Bibliothek – CIP-Einheitsaufnahme

Bengeforth, Fritz:
Der Hovawart – aktuelle kynologische Themen / F. Bengeforth. –
2., überarb. und erg. Aufl. –
Reutlingen : Verl.-Haus Reutlingen Oertel und Spörer, 1997
    ISBN 3-88627-181-1

© Verlagshaus Reutlingen · Oertel + Spörer · 1997
Burgstraße 1–7, 72764 Reutlingen
Alle Rechte vorbehalten
Schrift: 10/12 p Garamond
Gesamtherstellung: Oertel + Spörer, Reutlingen
Printed in Germany
ISBN 3-88627-181-1

Vorwort

Ein Buch über den Rassehund „Hovawart" muß sich eingehend mit der Legende beschäftigen, die der Herauszüchter des heutigen Hovawarts, Curt F. König, und seine ersten Mitzüchter immer wieder in Zeitschriften publizierten. Sie folgten dem Trend zur Rückbesinnung auf das Germanentum des deutschen Volkes zu Anfang dieses Jahrhunderts und behaupteten, daß mit dem Auffinden von Resten des Altkultur-Haushund-Stammes die Rückzüchtung mit heutigen typähnlichen Hunden auf den alten Germanenhund Hovawart gelungen sei.

Wenn sich diese Konzeption auch als Irrglaube erwies, hat sie doch der modernen Hovawartzucht die Impulse und die Zielrichtung gegeben: einen mittelgroßen, kräftigen, langhaarigen Hund mit Hängeohren und buschiger Rute mit starkem Wesen zu züchten, die „Gebrauchshundrasse Hovawart".

Durch die Auswertung des bisher unbekannten Briefwechsels Curt F. Königs mit Erich Krüger, Alwin Busch, Geiser und anderen Züchtern der Anfangszeit erhält das Buch archivarischen Charakter für den Hovawart.

Für den Hovawartinteressierten ist alles Wichtige über Aufzucht, Haltung und Ausbildung des Hovawarts dargestellt worden.

Aber als Hundehalter muß man sich mit der zunehmenden Hundefeindlichkeit auseinandersetzen, die sich durch aufgebauschte Zeitungsberichte über das Bellen der Hunde, über die Bissigkeit und die Straßenverschmutzung ergeben. Herr Peter Beyersdorf vom Vorstand des „Verbandes für das Deutsche Hundewesen" spricht von einer „tiefen Beziehungskrise" zwischen Mensch und Hund. Es wird heute ein „Feindbild Hund" aufgebaut, das das Jahrhunderte geltende Bild vom „Hund, dem treuesten Freund des Menschen" zerstören will. Es ist deshalb die eingehende Abhandlung über diese aktuellen kynologischen Fragen auch in einem speziellen Rassehundbuch dringend notwendig. Die Hovawarthalter werden hieraus Kenntnisse entnehmen können, die ihnen helfen, keinen Anstoß mit ihrem treuen Freund zu erregen.

Mein besonderer Dank gilt dem Verlag Oertel + Spörer für seine Bemühungen bei der Herausgabe des Buches und allen, die Bilder zur Illustrierung beigesteuert haben.

Berlin, Februar 1992   Dr. F. Bengeforth

Vorwort zur 2. Auflage

Daß die 1992 erschienene Auflage dieses Buches schon vergriffen ist, zeigt, daß die vorliegende Konzeption über den Hovawart großes Interesse gefunden hat. Wenn man über den Hovawart schreibt, muß man selbstverständlich ausführlich die Entstehungsgeschichte der Rasse, die in mythischen Vorstellungen vom Germanenhund ihre Impulse bekommen hat, abhandeln. Als einziger überlebender Zeitzeuge, der mit allen ersten Züchtern teils persönlichen, teils brieflichen Kontakt hatte, kann ich versichern, daß meine Ausführungen auch im Hinblick auf den Initiator des Hovawarts C. F. König, authentisch sind. Mystische Vorstellungen über die Bedeutung von C. F. König, wie sie von anderen kleinen Hovawartvereinen immer wieder zur Grundlage ihrer Existenz gemacht werden, sind völlig unrealistisch.

Aber auch alle wichtigen Grundlagen und Maßnahmen für eine erfolgreiche Rassehundezucht sind hier so ausführlich abgehandelt worden, daß auch jeder Anfänger in seiner Hundehaltung ausreichende Kenntnisse erwerben kann. Der Text der Ausgabe von 1992 konnte weitgehend belassen werden. Trotzdem sind noch wichtige Ergänzungen hinzugekommen. Besonders die im Hundesport neue Turnierhundsportbewegung, die für den Hovawart sehr nützlich ist, wurde ausführlich dargestellt.

Für die hierfür notwendigen Textbeiträge und die Überlassung neuer Fotos bedanke ich mich sehr herzlich bei der 1. Präsidentin des RZV für Hovwarthunde e. V., Frau Diana Wolf, sowie bei Herrn Dr. Erwin Wiesmüller und bei Frau Martina Glase, Berlin.

Dem Verlag Oertel + Spörer gebührt meine dankbare Anerkennung für seine intensiven Bemühungen um eine wirkungsvolle Gestaltung des Buches „Der Hovawart".

F. Bengeforth   März 1997

Inhaltsverzeichnis

Vorwort V

Vom Ursprung des Hovawarts – eine Legende 9

Der Rassebegriff – Was ist eine Rasse? 23

Allgemeines Verhalten von Hunden 27

Verhalten des Hundes zum Menschen 31

   Positives Verhalten 31
     Begleithund 36
     Wachhund 37
     Jagdhund, Hütehund, Lawinenhund, Rettungs- und Trümmer-
     hund, Blindenführerhund, Polizeidienst- und Zollhund 38
     Fröhlicher Lebensgefährte 39

   Negatives Verhalten – Aktuelle kynologische Fragen 40
     Übermäßiges Bellen 41
     Das Anspringen von Menschen 44
     Wildern und Herumstreunen 49
     Beißen 50
     Sich beißende Familienhunde – Steffi Graf und ihre Hunde 55
     Umweltverschmutzung durch Hundekot 56
     Hundekotbeseitigung – Ein Vorschlag zur Lösung des Problems 58

Die Entstehungsgeschichte des Hovawarts 61

Der Hovawart heute 80

Haltung 89

   Fütterung 89
   Fellpflege 91
   Schlechte Hundehaltung 94

Der Kauf des Hovawart-Welpen und die ersten Tage im neuen Heim 95

Stubenreinheit 96

Erste Erziehungsmaßnahmen 98

Die Ausbildung des jungen Hundes 102

Die Prüfungsordnungen 110
    Die Begleithundprüfung 110
    Unterordnungsprüfungen 112
    Verkehrssicherheitsprüfung in praktischer Ausführung 116

    Schutzhundprüfung 119
    Abteilung A: Leistung in der Fährtenarbeit 120
    Abteilung B: Unterordnungsleistungen 124
    Abteilung C: Schutzdienst 127

Der Turnierhundsport 131

Die Gesundheit des Hovawarts 132

Der Rassestandard 141

Zuchtgrundsätze 146

Ausstellungswesen 147

Der alte Hovawart 148

Anhang
    Die Organisation des RZV für Howawarthunde e. V. 153
    Internationale Hovawart-Föderation 154
    Literatur 155
    Abbildungsnachweis 156

Vom Ursprung des Hovawarts – eine Legende

„Warum die Tiere so sind, wie sie nun einmal sind, bleibt uns ewig zu erkennen versagt, weil die meisten Urkunden ihrer ungeheuren und verwickelten Geschichte hoffnungslos verlorengingen; aber daß sie so sind, wie sie sind, daß sie unsere einzigen Gefährten in einer unendlichen, schreckhaften Wüstenei von Elektronen, Planeten, Nebeln und Sonnen darstellen, ist uns ewig Freude und Trost."

William Morton Wheeler

„Hovawart" – ein seltsamer, fast fremdländisch anmutender Name für eine Hunderasse! Es ist aber ein urdeutscher Name; auf den folgenden Seiten lesen wir die Entstehungsgeschichte.

Der Hovawart wird seit dem Jahre 1922 als Rassehund gezüchtet und in Zuchtbüchern erfaßt, ist aber trotzdem noch als seltene Rasse zu bezeichnen. Immer wieder werden Hovawartbesitzer auf Spaziergängen nach Namen und Art dieses Hundes gefragt, wobei man mit freudigem Erstaunen das markante Aussehen und das gutartige Gesicht hervorhebt. Manchmal wird auch eine Ähnlichkeit mit anderen langhaarigen Rassen festgestellt.

Nun, die neuen Hovawartbesitzer erklären dann bereitwillig und stolz, daß dies der Hovawart sei, eine Rasse, die schon im Mittelalter und bei den Germanen vorgekommen sei: ja, daß es sich um die Urhundrasse handele, aus der die anderen ähnlichen Rassen hervorgegangen seien. Jetzt folgt die nette Geschichte, daß der „hovewart" schon im „Sachsenspiegel" des „Eike von Repkow" um 1230 erwähnt und ziemlich genau beschrieben wurde. Eike von Repkow selbst sei als Wickelkind nach einem Wendenüberfall auf die eigene Burg von einem verwundeten Hovawart zu einer benachbarten Burg geschleppt und somit gerettet worden. Des Erzählens der begeisterten Hundefreunde ist nun kein Ende mehr, und so wird auch noch berichtet, daß bei unseren nordischen Vorfahren der Stamm der „Hundinge" vorgekommen sei, und das hieße eben „die mit den Hunden", und diese Hunde seien Hovawarte gewesen. Man greift mit wenigen Sätzen kühn ins graue und geheimnisvolle Altertum der Nordvölker hinein, man weiß, was man da an der Leine hat, man ist sehr stolz, man geht zufrieden nach Hause.

Diese Version über den Ursprung des Hovawarts geht auf C. F. König zurück, der mit ihr im Jahre 1922 an die Öffentlichkeit trat und eine lebhafte Diskussion darüber entfachte. Streng kynologisch wissenschaftlich ist diese Ansicht zwar nicht belegt, weil eben „die meisten Urkunden ihrer ungeheuren und verwickelten Geschichte hoffnungslos verlorengingen". Aber die Menschen, die Hunde lieben, wollen sich gar nicht immer an die strengen Maßstäbe der Wissenschaft halten; ihnen genügen Gefühlsmomente und romantische Vorstellungen über die Herkunft der Rasse. Sie werden gern gläubig gehegt und gepflegt; möglichst uralt soll die Rasse sein und sich schon in grauer Vorzeit durch Anhänglichkeit und kühne Taten die Herzen der Menschen erobert haben.

Wie allzu menschlich ist das doch, und es stellt uns Menschen auch gar kein schlechtes Zeugnis aus. Es zeigt immerhin, daß wir nicht nur egoistisch an uns selbst denken, sondern daß wir dankbar anerkennen, auf unserem geheimnisvollen und dornenreichen Weg über diesen ergründlichen Erdball die Kameraden aus der Tierwelt an unserer Seite zu haben, zu unserem Nutzen, zu unserer Freude und um nicht so einsam diesen Weg gehen zu müssen. Andächtig und staunend stellen wir uns immer wieder die Frage, wie das wohl vor sich gegangen sein mag, daß unser vierbeiniger Freund, der Hund, unser ältestes Haustier geworden ist, sich so eng und unwiderruflich dem Menschen angeschlossen hat, daß er aus dieser Bindung nicht mehr zu vertreiben ist, manchmal auch bei leider schlechter Behandlung nicht.

Genauso ist es für den Menschen ein Zeichen großer kultureller Entwicklung, daß es ihm gelungen ist, den Hund aus seiner Welt herauszulösen und ihn für immer der Welt des Menschen anzuschließen und diese durch die Fähigkeiten des Tieres zu bereichern und zu vervollkommnen. Dieser Augenblick, in dem er vielleicht zuerst nur blitzartig erkannt hat, daß das Tier ihm bei der Sicherung seiner eigenen Existenz helfen kann, war eine Sternstunde des Menschen. Wann mag es wohl gewesen sein, für den Wildhund an sich, und wann und wie mag das wohl mit dem „hovewart" gewesen sein? – Nun ganz genau weiß man das nicht, und man wird sich wohl an den Versuch halten müssen, den der bekannte Tier-

I   Blonder Standardrüde, „Ago v. Bretterkeller", HO 451

psychologe und Verhaltensforscher Nobelpreisträger Konrad Lorenz mit der Überschrift versehen hat: „Wie es gewesen sein könnte".

Danach soll es in der Mittelsteinzeit gewesen sein, daß sich der Mensch den Haushund zähmte. Zu einer Zeit also, als die Menschen noch keine Werkzeuge aus Metall, sondern nur aus Stein hatten, etwa 12 000 bis 15 000 Jahre vor Christi Geburt, vor nunmehr etwa 14 000 bis 17 000 Jahren. Dies ist eine gewaltige Zeitspanne, und wenn wir versuchen, da einmal zurückzudenken, dann stellen wir fest, daß es „Geschichte" damals noch gar nicht gab. Jedenfalls nicht in dem Sinne, wie wir sie in der Schule lernen, mit Herrschern, Kriegen und Schlachten. Kultur, wie sie sich in Töpferwaren, Geräten und Ackerbau zeigt, kam erst in der Jungsteinzeit auf, etwa 4 000–5 000 Jahre vor Christus. Aber den Haushund gab es schon über 7 000 Jahre lang. Wenn wir uns die Zeit seit Christi Geburt, also ungefähr 2 000 Jahre, vorstellen, so erscheint uns diese als sehr, sehr lang. Und von Christi Geburt nun noch etwa sechsmal so lange zurückgerechnet, dann ist das die Zeit, in der sich die Wildhunde den Menschen anschlossen.

Na, nun ist ja allen klar, warum wir uns so gut verstehen mit unseren Hunden! Die haben aber auch alles und alles mitgemacht, was wir erlebt haben auf diesem Erdball; die gesamte Menschheitsgeschichte ist gleichzeitig die Geschichte des Haushundes. Das schafft enge Bindungen, die nicht mehr zu lösen sind. Der Hund steht übrigens zumindest in diesem Punkt auf einer höheren Kulturstufe als der Mensch, indem er von sich aus diese seelischen Bindungen niemals löst; der Mensch tut dies schon hin und wieder einmal, indem er seinen Hund leichtherzig weggibt von Herrn zu Herrn; manchmal verstößt er ihn sogar ganz.

Mit „Wildhunde" meint man heute die Wölfe. Die Ansicht, daß der Haushund sowohl vom Goldschakal als auch vom Wolf abstammt, ist heute von der Wissenschaft aufgegeben; man sagt, daß nur die Wölfe als Ahnherren des Haushundes in Frage kommen. Die Wölfe sind fast über alle Erdteile verbreitet und sehr unterschiedlich in Größe, Farbe und Haarkleid. Man findet Typen von der Größe eines mittleren Schäferhundes bis zu Typen mit einer Widerristhöhe von fast einem Meter, eine Größe, die diejenige der Deutschen Dogge übertrifft. Daneben variieren diese Wölfe noch sehr im Typ von schlank über mittel bis untersetzt und breit. Bei den Farben gibt es die ganze Skala von weiß über gelblich, braun, grau bis schwarz.

Bei Betrachtung dieser Verschiedenheiten braucht man sich nicht mehr darüber zu wundern, daß unsere vielen, so verschiedenartigen Hunderassen alle auf den Wolf zurückgeführt werden können. bei den Wesenseigenschaften verhält es sich ähnlich, man braucht nur den Wolf zu berücksichtigen und kann den Schakal beispielsweise für unsere kleinen Hunderassen wie Spitze usw. ausschließen. Das Hauptargument für die Abstammung unserer Haushunde vom Wolf allein besteht darin, daß man weiß, daß die Tiere einer zusammenhängenden Art in freier Wildbahn bei freier Gattenwahl eine Fortpflanzungsgemeinschaft bilden. Zwischen Hunden und Wölfen ist die freiwillige Fortpflanzung kein Problem, während sie zwischen Hunden und Schakalen nicht freiwillig vorkommt.

Verschiedene Rassen hatten sich schon frühzeitig herausgebildet. So hat man altägyptische Darstellungen von Windhunden entdeckt, und in Mitteleuropa ist der Torfspitz in Moor und Torfablagerungen ein Zeuge davon, daß dieser Hundetyp schon einige tausend Jahre vor Christus existierte. Aus der römischen Geschichte wissen wir, daß schon vor Christi Geburt Riesenhunde, die sogenannten Molosserhunde, die doggenähnlich waren, bei Kämpfen in der Arena und in Feldzügen verwendet wurden. Ebenso sind Abbildungen von kleinen Luxushunden überliefert. Es ist nun keineswegs abwegig anzunehmen, daß in nördlichen Breiten oder in mitteleuropäischen Gegenden sich ein gut mittelgroßer Hundetyp mit nicht ganz so charakteristischen Rassekennzeichen herausgebildet hat, der den damaligen Menschen schon ein Wächter ihrer Lagerstätten und ein Helfer bei ihren Jagden auf Bären und anderes Großwild war. Keine Abbildungen, Überlieferungen und damit keine Beweise zu haben, ist kein Grund anzunehmen, daß sie nicht existierten. Die Erde drehte sich schon immer um die Sonne, nur die Beweise fehlten. Für die Existenz eines Urhovawarts sprechen manche Überlegungen, jedoch soll diese Frage mangels genauen Nachweises ruhig in der Schwebe gelassen werden.

Rassen können durch strenge Zuchtwahl des Menschen entstanden sein, indem er nur die Tiere behielt und zur Fortpflanzung zuließ, die ihm für den augenblicklichen Zweck als besonders gut geeignet erschienen. Rassen können auch von selbst in eng begrenzten geographischen Räumen entstanden sein, dadurch, daß sich hier immer nur dieselben besonders bewährten Exemplare durch Inzucht fortgepflanzt haben.

II   Schwarzer Standard-Hovawart, „Iwa v. Sandberg", SchH III

14

Rassen können auch eingegangen sein und sich später in anderen Gegenden unter etwa gleichen Bedingungen wieder neu gebildet haben. Dies kann bei den großen Variationsmöglichkeiten der Hunde und der ungeheuren Zeitspanne sehr leicht und schnell vor sich gehen.

Die ersten Germanenstämme, die in der Geschichtsschreibung verzeichnet werden, sind die Cimbern und Teutonen, von denen der römische Schriftsteller Plinius der Ältere berichtet. Er schreibt, daß in der Schlacht von Vercellae im Jahre 101 vor Christi Geburt der römische Feldherr Marius die Cimbern vernichtend schlug und daß die Römer noch gegen die Hunde zu kämpfen hatten, die die auf Wagen gesetzten Häuser verteidigten, nachdem die Männer schon alle erschlagen worden waren. Es scheint sich bei diesen Hunden also um einen Haus- und Hofhundtyp gehandelt zu haben, der sicher nicht so klein und schwach wie der Torfspitz war. Einen Namen der Hunde kann man jedoch nicht finden, wie man ja auch von der Sprache, die die Cimbern gesprochen haben, kein Wort kennt.

Daß auch in der nordischen Heldensage Hinweise auf Hunde gegeben sind, wurde schon erwähnt. So wird von Streitigkeiten zwischen den Wülfingen und den Hundingen berichtet, und von Forschern der germanischen Altertumskunde wird vermutet, daß es sich um Langobarden handelt. Interessant ist ja der Gegensatz von Wülfingen und Hundingen, womit wohl ausgedrückt werden soll, daß sich die eine Sippe mehr mit den Eigenschaften von Wölfen und die andere mehr mit denen von Hunden identifiziert. Da wohl bei allen Germanenstämmen Stärke, Mut und kriegerischer Geist Ehrensache war, dürften die Hunde der Hundinge diese Eigenschaften sowieso gehabt haben und darüber hinaus auch noch Eigenschaften, die sie über rein wölfisch-kämpferische Eigenschaften heraushoben. Es können dies nur die Eigenschaften der unbedingten Treue und Anhänglichkeit gewesen sein, woraus man schließen kann, daß sich die Hunde der Germanen schon zu einer hohen Kulturstufe im Sinne eines guten Haus- und Hofhundes entwickelt hatten.

Wann sich dies abgespielt haben könnte, kann man auch nicht sagen; wir haben von den alten nordischen Heldensagen Kenntnis aus der Edda, die etwa im 12. Jahrhundert nach Christus in Island aufgezeichnet wurde. Man kann aber annehmen, daß mangels einer Literatur, also schriftlicher Aufzeichnungen, diese Sagen immer wieder von Generation zu Generation weitergegeben wurden und somit schon für sehr lange zurückliegende Zeiten Zeugnis von der Kultur der Germanenstämme ablegten. Dazu gehören auch die Hunde der Germanen und ihr Verhältnis zu ihren Herren. An sich ist ja nicht so verwunderlich, daß die Germanen schon gut an Haus, Hof und Herrn gebundene Hunde gehabt haben sollen, wenn man bedenkt, daß von der Zeit um 12 000 Jahre vor Christus, als sich vielleicht die ersten Hunde dem Menschen anschlossen, bis zu der Zeit um 1 800 Jahre vor Christus, der sogenannten Bronzezeit, aus der man durch archäologische Funde die erste Kenntnis von der Existenz der Germanen bekam, ja eine ungeheuer lange Zeitspanne von über 10 000 Jahren Entwicklungszeit verstrichen war.

Den Typ eines Hofhundes, der sich deutlich von anderen Hundearten unterscheidet, findet man nun in verschiedenen Schriften des 13. Jahrhunderts als „hovewart" oder als „hofwart" verzeichnet. Das heißt auf hochdeutsch Wärter oder Wächter des Hofes, also ein Hund, dem der Schutz von Haus und Hof anvertraut war. Im schon erwähnten „Sachsenspiegel", einem Rechtsbuch, in dem mittelalterliche und germanische Rechtsgrundsätze niedergelegt worden sind und das nicht nur in Deutschland, sondern auch in weiten Teilen Polens, Ungarns und Rußlands als Grundlage für die Rechtsprechung diente, findet sich der hovewart zwar nicht: dort werden nur „winde, hezzehunde und brakken" genannt, für die man, wenn man einen getötet hatte, einen gleichwertigen stellen mußte (Sachsenspiegel Buch III, Abschn. 47 §2). Dagegen erscheint der hovewart im Schwabenspiegel, der ja auf dem Sachsenspiegel beruht und etwa 1275/80 vermutlich in Augsburg verfaßt worden ist. Dieses Rechtsbuch ist in vielen Varianten ungeheuer verbreitet gewesen. Nach der alten, aber sehr guten Ausgabe von Wilhelm Wackernagel „Das Landrecht des Schwabenspiegels in der ältesten Gestalt, Zürich und Frauenfeld 1840" wurden nach Absatz 278 (S. 259 f.) folgende Strafen verhängt: Für Diebstahl oder Tötung eines leithunt und eines spürhunt sind außer gleichwertigem Ersatz sechs Schillinge, für einen trîphunt (Treibhund), einen wint (Windhund), einen rüden und einen hovewart außer gleichwertigem Ersatz drei Schillinge zu zahlen.

Eine jüngere, aber auch noch ins 13. Jahrhundert fallende Erweiterung gibt nähere Bestimmungen über die Verwendung der genannten Hundesorten, und zwar für den hovewart folgende: „Ein hunt heizet ein hovewart, der einen man sîns hûse unde sîns hoves houtet naht unde tac, stilt den ein man, so diu sunne under gêt, der sol im ein als guoten geben

16

als jener was und drî schillinge dar zuo, und er hat doch diu diupheit begangen. stilt er in bî schônem tage, sô gebe er im als guoten und ein schillinch." Auf Neuhochdeutsch heißt dies: „Ein Hund heißt ein hovewart, der jemandes Häuser und Höfe Nacht und Tag hütet, stiehlt den jemand, wenn die Sonne untergeht, so soll er ihm einen ebenso guten geben wie seiner war und drei Schillinge dazu. Und außerdem hat er noch Diebstahl begangen. Stiehlt er ihn bei hellem Tage, so gebe er ihm einen ebenso guten und einen Schilling."

Solche Bestimmungen dürften dann auch wieder in jüngere Fassungen des Sachsenspiegels eingedrungen sein. Aus den Bestimmungen, für einen Hundediebstahl gleichwertigen Ersatz zu leisten, kann man sicherlich den Schluß ziehen, daß die Hundezucht gut verbreitet und geregelt war, denn sonst wäre ja die Möglichkeit, einen Ersatz zu beschaffen, kaum vorhanden gewesen.

Es gibt noch andere mittelalterliche Schriften, die den hovewart mehr als einen groben, bäuerlichen Hund erscheinen lassen. So sagt ein Spruchdichter des 13. Jahrhunderts:

Ich waere ungerne dâ ein wint, dâ die stumpfen hovewart werder danne de winde sint.

Ins Neuhochdeutsche übertragen lautet dieser Spruch dann:

Ich würde da nicht gerne ein Windhund sein, wo die stumpfen Hovawarte für wertvoller erachtet werden als die Windhunde.

Dies ist sicherlich ein sehr aufschlußreicher Spruch aus dem 13. Jahrhundert. Einmal könnte er davon zeugen, daß zu dieser Zeit schon ein gewisser „kynologischer Ehrgeiz" vorhanden war; man könnte sich fast auf eine Hundeausstellung in unseren Tagen versetzt fühlen: Stolz auf die eigene Rasse, Ehrgeiz, Konkurrenz, Neid, Rangunterschiede zwischen den Rassen. Und vielleicht leuchtet auch ein klein wenig die Tatsache hindurch, daß mancherorts der Hovawart höher eingeschätzt wurde als der edle Windhund der Vornehmen, eben dieser rauhe, aber treue Geselle, der das Hab und Gut der einfachen Menschen und Bauern bewachte und schützte. Es handelte sich damals ja um eine Zeit starker sozialer Rangunterschiede zwischen den Adeligen und den Untergebenen, die kaum edle Hunderassen halten konnten.

In den satirischen Geschichten des sogenannten Seifrit Helblinc (Ende des 13. Jahrhunderts) Nr. II, Vers 1442 wird unter vielen Dingen, die nicht gerade gut sind, auch genannt ein „hofwart", der „viel hoelet", das heißt eigentlich schmäht, also viel knurrt und bellt.

In dem Artusroman „Die Krone" von Heinrich von dem Türlin (etwa 1230/40) werden zwei Streitende mit „zwên hofwart" verglichen, die sich um einen Knochen beißen (Vers 12, 284/85/, und an einer anderen Stelle wird ein häßlicher Waldschrat beschrieben und von ihm gesagt. „diu ôren waren ûfgebogen als einem grôzen hofwart" (Vers 19, 654); auf hochdeutsch: „Die Ohren waren abgebogen wie bei einem großen Hovawart." Sollten hier erstmalig Rassemerkmale des mittelalterlichen Hovawarts angegeben sein? Sollte das bedeuten, daß dieser Hund schon mehr oder minder abstehende, also fast Hängeohren hatte? Nun, wir halten es wieder mit Konrad Lorenz: „So könnte es gewesen sein."

Auch in einer kleinen moralischen Geschichte, die dem bekannten Dichter „Der Bricker" um die Mitte des 13. Jahrhunderts zugeschrieben wird, kommt der hovewart vor. Es wird hier erzählt, wie der hovewart eines armen Bauern sich in die benachbarte Burg einschleicht, sich kriecherisch an den Tisch des Herrn heranmacht und schließlich so stark wird, daß er die edlen Jagdhunde, wenn sie müde von der Jagd heimkehren, vom Tisch verdrängt.

In dem bekannten Buch aus dem 15. Jahrhundert von Heinrich Mynsinger „Von den Falken, Pferden und Hunden" wird der hovewart in Teil 4 „Von den Hunden" ebenfalls kurz erwähnt.

Wir sehen den hovewart in den mittelalterlichen Schriften also überall als einen derben, kräftigen, großen Wach- und Bauernhund, der zwar nicht so edel ist wie die in der damaligen Feudalzeit bevorzugten Wind- und Jagdhunde, von dessen Wert für Haus, Hof, Eigentum und persönlichen Schutz man aber durchaus überzeugt ist, weshalb man ihm auch eine gesicherte und geachtete Position im Kreise der anderen wertvollen Hunderassen einräumt. Daß erst ab dem 13. Jahrhundert der Hovawart in der Literatur erwähnt ist, besagt nicht, daß er nicht schon viel früher als solcher im Bewußtsein der bäuerlichen Bevölkerung existierte. Dies kann darauf beruhen, daß vorher fast nur eine religiöse Literatur vorhanden war, während eine mehr weltliche sich erst später entwickelte.

1 Albrecht Dürer: „Ritter, Tod und Teufel", 1513

In diese literarisch belegten Erwähnungen des „Hovawart" in Schriften des Mittelalters paßt gut die bildliche Darstellung eines Hundes auf dem bekannten Dürerbild „Ritter, Tod und Teufel" aus dem Jahre 1513.

Die ersten Züchter des Hovawarts haben auf diesem Hund ihre Vorstellung vom mittelalterlichen Hovawart und vom Germanenhund aufgebaut. Bei der bekanntlich sehr naturgenauen Tierdarstellung Dürers kann man es als sicher ansehen, daß es im Mittelalter diesen mittelgroßen, hängeohrigen, langhaarigen Begleithund gab.

So haben nun bei der Entwicklung unseres heutigen Hovawarts Vorstellungen aus der nordischen Mythologie über einen alten Germanenhund, ja, über einen noch älteren Urhund und die gut belegten Ansichten von dem mittelalterlichen hovewart Pate gestanden. Etwas Faszinierendes ist damit in der Kynologie geschehen: Indem Dichtung und Wahrheit unlösbar verbunden sind, ist unser heutiger Hovawart auch nicht mehr von der germanischen Vorstellungswelt zu trennen, Idee und Wirklichkeit sind eins geworden, die Zielrichtung der Hovawartzucht hat die entscheidenden Impulse erhalten; mehr als irgendeine Rasse ist der Hovawart die Rasse „als Wille und Vorstellung", um einmal diesen philosophischen Begriff hier zu verwenden. So mag es nun getrost auch bleiben, so mag unser Hovawart als Germanenhund seinen kynologischen Standort einnehmen, es schadet ihm nichts, wenn er nur immer züchterisch seine guten Eigenschaften behält, die ihn heute so reich auszeichnen. Den deutschen Hundefreunden ist es gelungen, eine urdeutsche, markante und jeden wahren Hundeliebhaber begeisternde Rasse herauszuzüchten, die sich würdig der langen Reihe schöner und leistungsfähiger deutscher Hunderassen anschließen kann.

Wenn die Züchter des Hovawarts die Gedanken bewegten, daß unsere heutigen langhaarigen, hängeohrigen und mittelgroßen Hunderassen einem einzigen Sproß, dem Urhovawart, entstammten und diese heute noch überall an den Wanderstraßen der Nordvölker nachzuweisen seien, so ist der Versuch der Rekonstruktion dieses Ursprosses durch Wiederzusammenführung der irgendwann einmal getrennten Einzelkomponenten durchaus folgerichtig. Der Weg vom Wolf über irgendein Urhundstadium zum Neufundländer, zum Kuvacs, zum persischen Windhund, zu setterähnlichen Jagdhundrassen und zu unseren bodenständigen Schäferhundrassen verschiedener Ausprägung ist sicherlich kürzer als der Weg vom Wolf zum Rehpinscher oder Pekinesen.

Damit soll schon anerkannt werden, daß unsere hängeohrigen großen und mittelgroßen Hunderassen, besonders die mittel- und nordeuropäischen, die älteren sind, diejenigen, die schon länger domestiziert sind und sich dem Menschen schon inniger angeschlossen haben. Es ist sehr bemerkenswert, daß man heute in fast allen Ländern, selbst in warmen Ländern wie Griechenland, Australien, Südamerika, hovawartähnliche Typen antreffen kann. Man kann dies nicht anders deuten, als daß man diese Typen zu den überhaupt möglichen hundlichen Hauptformen rechnet, wie andere Hauptformen die Spitzhund-, die Windhund- und die Kleinhundformen sind.

Indem wir uns die heutige Form des Hovawarts als die Zusammenführung typenähnlicher Hunde vorstellen dürfen, können wir eine Vielzahl wertvoller und liebenswerter Eigenschaften erwarten, die diese Hunde ja alle an und für sich auch schon immer ausgezeichnet haben. So interessant und anregend auch die Nachforschungen über Alter und Abstammung unserer Hunderassen sind, so wollen wir es doch mit Raimunds Worten aus dem „Hobellied" halten: „Da streiten sich die Leut' herum, oft um den Wert des Glücks." Streiten wir uns nicht darüber, wann es war, wie es war, wie wertvoll es war! Freuen wir uns darüber, wie es jetzt ist, über unseren Hovawart von heute.

Der Rassebegriff –
Was ist eine Rasse?

Man braucht sich da nicht mit den streng wissenschaftlichen Begriffen der Genetiker, den Definitionen der Wissenschaftler zu beschäftigen. Diese würde der Laie im allgemeinen wohl doch nicht verstehen. Der Rassebegriff soll für jeden Laien das Wichtigste aussagen, und ich würde ihn folgendermaßen erklären:

Die Rasse einer Tierart ist dadurch geprägt, daß bei der Fortpflanzung immer wieder die gleichen körperlichen Merkmale und auch die Wesenseigenarten bei den Nachkommen deutlich in Erscheinung treten. Die einzelnen Merkmale werden durch die kleinsten Erbeinheiten, die man Gene nennt, festgelegt und zwar jedes Merkmal durch eine Mehrzahl oder durch eine Vielzahl von Genen. Die Gesamtheit dieser kleinsten Erbeinheiten bezeichnet man als Genpool, das ist eine sehr plausible, plastische Darstellung. Pool, ein englisches Wort, bedeutet so viel wie Topf oder Teich.

Gene liegen auf den Chromosomen. Chromosomen sind schleifenähnliche Gebilde des Zellkerns. Jedes menschliche, tierische und auch pflanzliche Gewebe ist aus Millionen von Zellen gebildet. Eine Zelle besteht aus dem Zellplasma, das sich um den Zellkern herumlagert und durch eine feine Zellmembran von den benachbarten Zellen abgrenzt, die sich zu einem tierischen Organ zusammenfügen.

Die Chromosomen im Kern einer jeden Zelle sind die eigentlichen Träger der Erbanlagen. Sie sind für den Menschen und jedes Tier unterschiedlich in der Anzahl und Form und charakterisieren also streng definiert jede Tierart und den Menschen. Jedes Organ eines Tieres hat in seinen Millionen Zellen dieselbe Anzahl von Chromosomen im Zellkern, auf denen sich die Gene als kleinste Erbeinheiten befinden. Wie die sogenannte DNS (Desoxyribonukleinsäure), die eigentliche biologische Erbsubstanz, in den Genen wirksam wird, ist ein sehr komplizierter Vorgang, bei dem auch heute noch manches der letzten Klärung bedarf. Für die Belange dieses Buches genügen diese wenigen Grundbegriffe.

Bei der Entstehung einer Rasse, also von Tieren mit den gleichen körperlichen und Wesensmerkmalen, bestimmen also die Gene diesen Entwicklungsablauf. Hierbei gibt es kleine Abweichungen, die Variationsbreiten.

Manche Gene drängen sich vor, sie sind „dominant" gegenüber anderen, die zurückgedrängt werden und als „rezessiv" bezeichnet werden. Diese Dominanz kann man bei der Paarung der Elterntiere immer wieder feststellen.

Die meisten Hunderassen sind ja entstanden durch Vermischung mit anderen Rassen.

So ist es beim Hovawart auch; es gibt keine ganz eindeutige von Anfang an bestehende Hovawartrasse, sondern der Hovawart ist entstanden durch Kreuzung – die die ersten Züchter vornahmen – mit anderen Rassen, beispielsweise mit dem deutschen Schäferhund, dem Neufundländer, dem Kuvasz, dem Leonberger.

So ist es aber auch zu verstehen, daß beim Hovawart, zu dem dann auch noch bodenständige Landschläge hinzukamen, immer wieder Abweichungen entstehen in der Größe der Hunde, in der Substanz; es gibt starke, untersetzte Hunde, es gibt schlanke, leichte Hunde. Das ist alles so zu erklären, daß die unterschiedlichen Komponenten der eingekreuzten anderen Rassen sich von Zeit zu Zeit durchsetzen.

Um ein einheitliches Bild einer Rasse zu bekommen, ist der Standard aufgestellt worden, der die Merkmale genau beschreibt, die wünschenswert sind. Um dies zu erreichen, werden die zuchtwilligen Rüden und Hündinnen dann genau getestet, beobachtet, ob sie diesem Standard entsprechen. Es werden auf Ausstellungen und Junghundbeurteilungen und Körungen dann Feststellungen getroffen bei den einzelnen Hovawarten, ob sie dem gewünschten Standard weitgehend entsprechen oder nicht. Große, starke Abweichungen gibt es heute in den körperlichen und wesensmäßigen Merkmalen kaum noch. Die Rasse ist so gut durchgezüchtet, daß das äußere Erscheinungsbild sehr einheitlich ist. Trotzdem ist es immer wieder wichtig, auf den Körungen und Zuchttauglichkeitsprüfungen bei jedem einzelnen Hund diese Feststellung zu treffen und entsprechend zu bewerten und einzustufen. Tut man das nicht, dann kann es sehr leicht zu einem Auseinanderklaffen des einheitlichen körperlichen Erscheinungsbildes und des Wesensbildes kommen.

Die äußere Erscheinung des Hundes entspricht nun nicht immer unbedingt dem im Genpool fest verankerten Maß, sondern das Tier, das einen bestimmten Genpool in sich trägt, kann durch äußere Einwirkung später Abweichungen in der Erscheinung haben. Der Phänotypus des Hundes ist sein äußeres Erscheinungsbild; es kann abweichend sein von dem rein genetisch festgesetzten Typ, dem Genotypus. Es erfordert dann eine genaue Beobachtung der Merkmale, auch eine genaue Auswertung der Lebensgewohnheiten der Hunde, in denen sie sich befinden, um herauszubekommen, welche Merkmale des Tieres jetzt vielleicht phänotypisch verändert sind gegenüber dem Gentyp.

Es sind auch nicht alle Gene positiv und gut, sondern es gibt da auch schlechte und krankheitserregende Gene, so daß bei der Paarung, wenn sich dann wieder eine ganze Anzahl dieser negativen Gene zusammengefügt hat, bei dem neuen Lebewesen unerwünschte Eigenschaften zutage treten.

Dies ist beim Hovawart natürlich auch der Fall, weil wir ja wissen, daß hier Genpoole ganz verschiedener Rassen zusammengekommen sind, und jede einzelne Rasse in sich hat natürlich auch eine Anzahl ungünstiger und negativer Faktoren in der Erbmasse. Diese unerwünschten Eigenschaften werden dann von den Hovawartexperten, den Richtern, Körmeistern und Zuchtwarten beobachtet, festgestellt, und es werden dann Maßnahmen getroffen, daß Hunde mit deutlich zutagegetretenen ungünstigen Eigenschaften eben nicht zur Zucht verwendet werden.

In der Rassehundezucht spielt auch der Begriff Linienzucht eine Rolle. Wenn sich zum Beispiel ein Züchter oder eine Anzahl von Züchtern das Ziel gesetzt haben, einen Hund, einen Hovawart von idealer Mittelgröße zu züchten, und sie haben jeder ein gutes Zuchtpaar, das gut bei der Körung abgeschnitten hat, wobei der Rüde vielleicht die ideale Rückenhöhe von 66 cm hat, die Hündin vielleicht 61 cm Rückenhöhe, und sie paaren diese Hunde, dann werden ihre Welpen natürlich in der überwiegenden Anzahl wieder diese ideale Mittelgröße haben. Wenn die Welpen dann groß sind, und sie werden dann genau geprüft und getestet, ob sie dieser Mittelgröße entsprechen, dann können aus diesen Hunden wieder Paarungen zusammengestellt werden mit der idealen Mittelgröße. Und so entsteht dann in dieser Linienzucht mit der Konzeption „Ideal-Mittelgröße" allmählich ein großer Bestand von Hunden dieser mittleren Größe.

24

III   „Effi v. d. Aheggmühle", sm-Hündin mit idealer Markenzeichnung

Natürlich gibt es in diesen Würfen auch mal Abweichungen nach unten und nach oben. Wenn diese Abweichungen zu groß sind, dann werden die Hunde bei der Verfolgung dieser Linie „Ideal-Mittelgröße" nicht mehr zur Zucht verwendet. Diese Hunde können aber in anderen Merkmalen sehr günstig sein, so daß sie von anderen Züchtern doch wieder zur Zucht verwendet werden können.

Es gibt dann auch Züchter, die sich ein anderes Zuchtziel setzen. Vor noch nicht allzu langer Zeit war für das sogenannte Wesen beim Hovawart, also im Hinblick auf den Schutzdienst bei der Ausbildung, ein gutes, festes Zubeißen in den Ärmel wichtig, so daß da auch Linienzuchten im Hinblick auf dieses Ziel entstanden sind.

Ein weiterer wichtiger Begriff bei der Rassehundezucht ist der Begriff der Inzucht. Die Inzucht ist dadurch gekennzeichnet, daß Tiere, die verwandtschaftlich sehr eng zusammenliegen, gepaart werden, zum Beispiel Geschwistertiere.

Die Inzucht hat bei der Entstehung neuer Rassen sehr gute Ergebnisse gebracht. Wenn nur wenige Tiere mit guten Anlagen zur Verfügung standen, dann hat man diese Tiere untereinander gepaart, und man hat dann die Gewähr gehabt, daß die guten Eigenschaften der Geschwister sich dann sehr fest in der Erbmasse verankert haben. Das kann man natürlich nicht unbegrenzt weiterführen, denn dann kommen doch die Nachteile der Inzucht zum Vorschein, da auch die negativen Anlagen der Geschwistertiere verdoppelt und damit sehr stark manifestiert werden. Wenn solche deutlich sichtbaren negativen Merkmale vorhanden waren, dann hat man hier einen großen Nachteil, insofern als man nun Hunde hat, deren negative Eigenschaften genetisch sehr stark verankert sind. Dann muß man die Inzucht schleunigst aufgeben.

Allgemeines Verhalten von Hunden

Seit etwa drei Jahrzehnten wird, wissenschaftlich fundiert, die Meinung vertreten, daß alle Hunderassen nur vom Wolf abstammen, seien es die großen Hunderassen, die mittelgroßen und selbst die ganz kleinen Rassen! Der Urahne aller Hunderassen ist der Wolf.

Beim Wolf spricht man, wenn sich Wölfe in einer gewissen Anzahl zusammenschließen, vom Rudel, dem Wolfsrudel. Man müßte ja nun annehmen, daß man bei Hunden, da sie vom Wolf abstammen, wenn sie zu einer größeren Anzahl zusammengeschlossen sind, nun auch vom Hunderudel spricht. Das hat sich nicht eingebürgert, beim Hund spricht man dann von einer Meute, einer Hundemeute. Es entsteht hier der Meutebegriff.

Im Wolfsrudel herrschen strenge Rangordnungsverhältnisse, es gibt einen Rudelführer und dann die Rudelmitglieder. Welcher Wolf nun Rudelführer ist, das wird verhältnismäßig harmlos festgestellt. Wenn ein deutlich körperlich überlegener und auch sonst im Wesen gut veranlagter Rüde da ist, der wird von vornherein als Rudelführer anerkannt. Sollte ein anderer Wolfsrüde „denken", eigentlich könnte er der Rudelführer werden, dann kommt es zu Rangordnungskämpfen, die bei Wölfen im allgemeinen harmlos vor sich gehen. Es genügt dann meistens, daß der stärkere Wolf nur mal knurrt und mal kurz schnappt, eventuell den Rivalen kurz beim Fell packt und ihn etwas durchschüttelt. Dann ist der Rangordnungskampf schon entschieden, und das Rudel fügt sich nun der Führerschaft dieses Rudelführers.

Beim Hund ist das ebenso. Der Meutebegriff ist bei den Jagdhunden entstanden. Bei der Jagd wurden in früheren Jahrhunderten auf den Fürstenhöfen große Gruppen von Hunden eingesetzt; man nannte solch eine Gruppe eine Hundemeute. Der stärkste Hunderüde – manchmal konnte es auch eine Hündin sein – bildete sich zum Meuteführer heraus, wenn er stark und auch sonst gut im Wesen war. Sollte dann ein Konkurrent auftreten und den Meuteführer in Zweifel ziehen, dann kam es zu Rangordnungskämpfen. Auch in der Hundemeute sind – wie im Wolfsrudel – im allgemeinen die Rangordnungskämpfe verhältnismäßig harmlos, es genügt dem Rüden auch nur eine drohende Haltung, ein Knurren und eventuell ein kurzes Zwacken ins Fell, und dann ist der Rangordnungskampf schon entschieden, und der Konkurrent erkennt das an!

In seltenen Fällen kommt es allerdings auch zu heftigen Beißereien. Danach herrscht dann wieder ein gesundes Klima in der Meute.

Beim Verhältnis des Hundes zum Menschen spielt dieser Meutebegriff auch eine Rolle. Der Hund empfindet den Menschen von vornherein als Meuteführer, erkennt ihn an. Wie beim Menschen in der Pubertätszeit, wo die Heranwachsenden aufmüpfig werden, kann es natürlich mal vorkommen, daß der heranwachsende Hund auch aufmüpfig wird und versucht, sich den Anordnungen nicht zu fügen, und er schnappt sogar mal nach der Hand. Das muß man gleich unterbinden, schon bei dem heranwachsenden Hund, sonst kann das später, wenn der Hund groß und stark ist, zu ganz unliebsamen Auseinandersetzungen führen. Aber im allgemeinen genügt es, wenn man dies sanft und vorsichtig macht; es darf auf keinen Fall brutal oder heftig gemacht werden. Es genügt häufig, ihm mit energischen Worten klar zu machen, was er darf und was er nicht tun soll, und daß man ihn an ein Kommando gewöhnt, wenn er z. B. etwas loslassen soll. Das Kommando „Aus!", energisch gesprochen, merkt sich der Hund, und er wird allmählich dann das von vornherein lassen, was er nicht tun soll. Sollte der Hund dann doch mal nach der Hand des Herrchens schnappen, dann ist es eine einfache und natürliche Methode, den heranwachsenden Junghund im Fell des Genicks zu packen und ihn mal kurz – aber nicht zu heftig oder gewalttätig – durchzuschütteln. Das machen die Hunde und die Wölfe auch, wenn ihre Kinder aufmüpfig werden und sie sie zur Ordnung bringen wollen; dann packen sie diese mal kurz im Genick und schütteln sie ein bißchen durch. Dieses Verhalten hat sich so fortgepflanzt, daß die Hunde diesen Nackengriff schon als unangenehm empfinden, und sie erkennen dann den höheren Rang des Menschen an.

Ein weiterer Faktor für die Anerkennung der Rangordnung soll die liebevolle Hinwendung des Menschen zum Hund sein. Wenn dies der Fall ist, und auch die Futterdarreichung erfolgt, dann führt das auch zur Festigung der Rangordnung: der Mensch ist gegenüber seinem Hund der Meuteführer.

Der sicherste Weg für den Menschen, Meuteführer gegenüber seinem Hund zu werden, ist die Zeit, wo der Hund seinen Wurfzwinger verläßt und mit 8–10 Wochen in die Hand des neuen Besitzers gelangt. Hier

28

fühlt sich der Welpe zunächst sehr vereinsamt und hilflos und sucht Schutz und ist sehr dankbar für jedes liebevolle, freundliche Wort des Menschen, dem er jetzt anvertraut ist. Das müssen die Menschen, die sich einen Hund anschaffen, ausnutzen und berücksichtigen und dem Hund sehr viel Liebe und Zuwendung zuteil werden lassen. Dann schmust das kleine Welpentier und schmiegt sich hilfesuchend in seiner Schutzbedürftigkeit sehr an den Menschen an. Man muß ihn dann viel auf den Arm nehmen und ihn streicheln, ja die Streicheleinheiten sind für das Hundebaby eben genauso wichtig wie für die Zweibeiner. Das Schutzbedürfnis, die Neigung, Sicherheit zu suchen beim Menschen, das führt ohne weiteres dazu, daß der Mensch nun als Meuteführer anerkannt wird, wenn wir im Sinne des Meuteverhaltens dies einmal so ausdrücken wollen.

Diese ersten Wochen im Leben des Welpen sind sehr entscheidend für sein späteres Verhalten. Wir sprechen ja in der Tierwelt, in der Hundepsychologie, von den Prägephasen, d. h. nach bestimmten Wochen wird jeweils ein bestimmtes Verhalten fest geprägt. Wenn man hier Fehler macht, dann hat man plötzlich ein ungünstiges Verhalten beim Hund eingeprägt.

Hier können wir rückblickend auf die Ausführungen über Genotypus und Phänotypus sagen: Diese Umweltfaktoren, die auf den Welpen einwirken, können den Genotypus vollkommen verschleiern.

Wenn zum Beispiel manche Hundehalter, die früher schon Hunde hatten, und sich nun wieder einmal einen Hund anschaffen, die Meinung vertreten, man muß schon den Welpen couragiert anfassen und ihm dauernd das richtige Verhalten mit energischen Worten einprägen, so daß der Welpe seine freie Kindentwicklung gar nicht richtig erleben kann, dann kann man hier einen Phänotypus erreichen, der sich doch deutlich von seinem Genotypus unterscheidet. Es können so Hunde entstehen, die furchtsam sind, die scheu sind, die unselbständig sind, weil sie in dieser Prägephase durch das zwar gut gemeinte, aber für diese Entwicklungsstufe viel zu harte Verhalten des Menschen „zur Raison gebracht" werden sollten.

Der Welpe muß weitestgehende Freiheit haben, sein kindliches Wesen auszuleben. Das bedeutet natürlich nicht, daß man nicht hier schon mit gewissen Erziehungsmaßnahmen beginnen kann; aber alles doch sehr sanft und sehr freundlich.

Man kann ihm schon beibringen, sich zu setzen. Wenn er sich dann nach den entsprechenden Worten setzt, muß man ihn intensiv loben und streicheln. Der Welpe, der ja in einer Prägephase und damit sehr aufnahmebereit ist, zeigt dann gern das gewünschte, erfreuliche Verhalten, so daß man durchaus schon einen Fortschritt erkennen kann.

Also diese Prägephasen muß man sehr genau beachten, vor allem auch gerade diejenigen Hundehalter, die sich später dem Gebrauchshundesport widmen wollen. Sie müssen sich darüber klar werden, daß man in der Zeit zwischen der fünften und zwölften Lebenswoche den Welpen nicht mit harten Worten unterdrücken darf, so daß er vielleicht Furcht bekommt oder scheu und ängstlich wird. Hier muß der Welpe weitgehend seine kindliche Freiheit haben. Und all das, was man ihm jetzt schon beibringen kann, das muß man sehr behutsam und liebevoll in Szene setzen.

Wenn Sie dies alles berücksichtigen, haben Sie schon einen ganz folgsamen und lieben kleinen Hund. Und Sie sind vollkommen anerkannt, Sie sind für den Hund jetzt schon „der liebe Gott"; überallhin folgt er Ihnen freudig, wenn Sie durch die Wohnung gehen, und der Hund wird später kaum den Versuch machen, sich Ihnen zu widersetzen.

Der Hovawart ist ganz besonders empfänglich für liebevolle Zuwendung und aber auch für falsches Verhalten des Menschen. Wenn Sie den Hovawartwelpen doch schon zu hart anfassen, dann ist hier die Gefahr besonders groß, daß er später kein freies, selbstbewußtes Wesen hat.

Man muß dem Welpen das kindliche Spielen lassen und darf dabei sein übermütiges, fröhliches Gerangel nicht mit Widersätzlichkeit verwechseln. Dies beides zu unterscheiden, darum muß man sich beim Junghund bemühen und sein eigenes Verhalten entsprechend einstellen.

Verhalten des Hundes zum Menschen

Positives Verhalten

Wenn wir jetzt beschrieben haben, wie der Welpe zum erwachsenen Hund heranwächst, dann müssen wir uns überlegen, wie die weiteren Verhaltensweisen des Hundes dem Menschen gegenüber sind.

In erster Linie müssen wir sagen, der Hund ist ein treuer **Begleiter** des Menschen. Überall, wo Herrchen oder Frauchen, also seine Bezugsperson, wie man in der Kynologie sagt, sich befindet oder sich hinbegibt, da will der Hund dabeisein. Er fühlt sich am wohlsten in enger Umgebung seines Herrchens oder Frauchens. Ganz besonders ausgeprägt ist diese Neigung des Hundes, immer in unmittelbarer Nähe seiner Bezugsperson zu sein, beim Hovawart.

Ich kann hier meinen ersten Hovawart als Beispiel einmal anführen, den „Argos von der Nordkate". Ich befand mich in meinem Garten auf dem Liegestuhl, und mein Argos befand sich, getrennt von mir durch einen Drahtzaun, dahinter auf dem Hof. Der Drang des Hundes, zu mir heranzukommen, war so stark, daß er jetzt zum Sprung ansetzte über den 1,20 m hohen Drahtzaun und nun unglücklicherweise mit dem Bauch auf dem Drahtzaun hängenblieb. Er jaulte vor Schmerz auf, und ich rannte hin, um ihn da herunterzuholen, und er hatte tatsächlich eine Rißwunde am Bauch.

Es ist wirklich ergreifend, wie ein Hovawart es unbedingt durchsetzen will, daß er in unmittelbarer Nähe seiner Bezugsperson ist. Dieser Wille des Hundes, unbedingt ganz dicht bei seinem Herrn zu bleiben, wird sehr schön ausgedrückt in dem Gedicht, das mir Hovawartfreunde aus Frankreich mitbrachten. Ich will hier anschließend an den französischen Text einmal den von mir übersetzten deutschen Text bringen.

LA PRIERE DU CHIEN

Seigneur, Mon Maître

dont je partage la destinée, ma fidélité n'est pas mesurée aux commodités de ta demeure, ni à la pâtée que tu me réserves. Je garde ta maison, comme la mienne, qu'elle soit de planches ou de marbre. Je te suis, où tu veux, fais ce que tu m'ordonnes et tout est facile et agréable quand tu me montres de l'amitié. Car, plus que le confort que tu m'assures, ou ne peux m'offrir, j'apprécie la caresse amicale de ta main et ton regard confiant. Montre moi, parfois, que je compte un peu pour toi, Seigneur mon Maître, qui est tout pour moi.

Papier à la cuve, imprimé à la main en sérigraphie au Moulin de Pen Mur à Muzillac

2 „La Prière du Chien" – Das Gebet des Hundes.

Das Gebet des Hundes

Lieber Herr, mein Gebieter,
mit dem ich das Schicksal teile.
Meine Treue wird weder an den
Annehmlichkeiten Deiner Wohnung gemessen,
noch an dem Futter, das Du mir bereit hälst.
Ich bewache Dein Haus wie mein eigenes,
sei es aus Brettern oder aus Marmor.
Ich folge Dir, wo Du hin willst,
tue, was Du mir befiehlst,
und alles ist leicht und angenehm,
wenn Du mir Freundschaft zeigst;
denn mehr als die Annehmlichkeiten,
die Du mir zusicherst,
kann man mir nicht bieten.
Ich schätze mehr
das freundliche Streicheln Deiner Hand
und Deinen vertrauensvollen Blick.
Zeige mir hin und wieder,
daß ich für Dich auch ein wenig bedeute,
mein lieber Herr, mein Gebieter.

Dieses Gebet des Hundes könnte ein Hovawart geschrieben haben, denn so intensiv empfindet der Hovawart tatsächlich gegenüber seinem Herrn. Es ist ja auch bezeichnend, was für den Hund wichtig ist: nicht die vornehme Behausung eines mit Marmor ausgelegten Zimmers; der Hund fühlt sich mit seinem Herrn in einer ärmlichen Bretterscheune auf dem Strohsack genauso wohl, als wenn er in einer vornehm ausgestatteten Wohnung seinen Platz hat. Man kann wirklich sagen, die Welt des Hundes ist der Mensch und nicht die Behausung, in der er sich aufhält.

Es gibt ja so viele Beispiele, aus denen hervorgeht, wie eng der Hund an sein Herrchen oder Frauchen gebunden ist und daß er immer bei ihnen sein möchte.

Wenn ich mal hinter dem Hofzaun mit dem Wagen wegfahre und meinen Hovawart nicht mitnehmen kann, dann liegt er zwei Stunden

IV   „Castor", die gepflegte Umgebung ist ihm egal

V   Kein „Marmorpalast", aber glücklich

ununterbrochen an dem Zaun und guckt in die Richtung, in welche ich weggefahren bin. Wenn er in Worten denken könnte, wären seine Gedanken sicher: „Hier ist Herrchen weggefahren, hier muß er ja wieder her kommen."

Die vielen Zeitungsberichte, daß ein Hund wochenlang den Weg zum Grab seines Herrn zurücklegt und dort stundenlang liegt, bis er abgeholt wird, geben ein erschütterndes Zeugnis von der seelischen Zwangsbindung des Hundes an seinen Menschen.

Ebenso die Berichte, daß in der Urlaubszeit, wenn Herrchen oder Frauchen den Hund nicht auf die Reise mitnehmen konnten, der Hund täglich in die Straßenbahn oder den Omnibus springt, weil er weiß, daß sonst sein Mensch diese Fahrten täglich machte (um einzukaufen oder zur Arbeitsstelle zu gelangen).

Dieser intensive Drang des Hundes, immer beim Herrchen oder Frauchen zu sein, ist wirklich ein Phänomen, über das wir ernstlich nachdenken sollten, über diese intensive seelische Bindung. Der Dichter Friedrich Hebbel hat das ganz kraß ausgedrückt in dem Vers:

Wundern muß ich mich sehr,
daß Hunde den Menschen so lieben,
denn ein erbärmlicher Schuft
gegen den Hund ist der Mensch.

So stark übertrieben hat Hebbel dies ausgedrückt, aber die Beispiele, die ich gegeben habe – und da gibt es viele, und viele Hovawartbesitzer werden vielleicht ähnliche Beispiele geben können –, sie deuten doch darauf hin, daß hier ein wahrer Kern ist, in dem Ausspruch von Friedrich Hebbel. Dieses unbedingte Vertrauen des Hundes zum Menschen verpflichtet den Menschen, dieses Vertrauen niemals zu enttäuschen und den Hund in seiner Wesensart hoch zu achten.

Das positive Verhalten des Hundes zum Menschen drückt sich aus in dem, was der Hund dem Menschen an Leistung bietet. Zuerst hatten wir gesagt, der Hund ist ein guter Begleiter des Menschen, er ist also ein guter **Begleithund.**

Aber sehr wichtig ist auch die Eigenschaft, wegen derer der Hund seinerzeit vom Wolf zum Haushund domestiziert worden ist, nämlich, daß die Menschen bald erkannt haben, daß der Hund ein guter Wächter ist. Ist der Hund erst einmal in den Wohnbereich des Menschen gekommen, dann ist das für den Hund jetzt sein eigener Bereich, sein Heim, wo er sich wohl fühlt; er betrachtet das als seinen Besitz, und wir sprechen dann in der Kynologie von seinem Revier, das der Hund jetzt bewacht.

Wir haben jetzt also beim Hund eine ganz wesentliche Erscheinung, daß er dem Menschen dient und ihm seine Leistung bringt als Wachhund. Das Gehör des Hundes ist ja um ein Vielfaches besser als das des Menschen, so daß der Hund Dinge wahrnimmt, die der Mensch gar nicht wahrnehmen kann. Geräusche, die noch weit entfernt sind, Geräusche, die außerhalb der Tonfrequenzen liegen, die der Mensch hören kann, die kann der Hund mit seinem sehr empfindlichen Gehör noch wahrnehmen, so daß er schon Dinge meldet, durch Bellen oder Knurren, die noch weit weg sind von dem eigenen Revier.

Der Hovawart ist ein ganz besonders guter **Wachhund,** hat er doch seinen Namen, Wächter des Hofes, von dieser Eigenschaft bekommen. Er hat also eine ganz besondere Veranlagung dazu, seinen Hof, seinen Garten, sein Grundstück, seine Wohnung zu bewachen. Er tut dies bereitwillig, sehr gerne, sehr aufmerksam. Wenn sich irgend jemand nähert, den er nicht kennt – aber auch bei Leuten, die er schon kennt – dann schlägt er an, bellt und zeigt damit an, daß jemand seinem Revier nahe kommt.

Diese Wachhundeigenschaft ist für den Hovawartbesitzer sehr wertvoll. Daß der Hund so gut hören kann, liegt an der vorteilhaften Beschaffenheit des Ohres; er kann das Ohr durch Vermittlung von etwa 17 Muskeln in viele Richtungen bewegen, je nachdem, wo die Schallquelle liegt.

Außer dem guten Gehör stehen dem Hund zum erfolgreichen Bewachen noch gut funktionierende Augen zur Verfügung. Der Hund kann unbewegte Gegenstände noch auf eine Entfernung von etwa 300 m erkennen, bewegte Gegenstände, kleine Tiere usw. noch auf 500 bis 600 m.

Die besondere Leistungsfähigkeit des Hundes liegt aber in seinem sehr ausgeprägten Riechvermögen. Das Riechvermögen ist begründet durch die Anzahl der Riechzellen, die etwa 150 Millionen beträgt; und wenn man dies flächenmäßig ausdrücken will, dann ist das eine Fläche von 160 bis 170 Quadratzentimetern. Beim Menschen ist die Fläche der

Riechzellen etwa 55 mal kleiner. Der Hund riecht zum Beispiel Butter-säure noch in einer Verdünnung von 1:100 000.

Der Hovawart ist mit einem besonders guten Riechvermögen ausge-stattet, was sich bei der Sucharbeit, bei der Ausarbeitung von viele Stun-den alten Fährten, zeigt. Hier erreicht der Hovawart besonders gute Ergebnisse.

Der Hund orientiert sich weitgehend und gerne durch den Gebrauch seiner Nase, er schnüffelt an allen Pflanzen und Bäumen, an Hausecken usw. Er erspürt dadurch, was hier schon vor sich gegangen ist, ob sich andere Hunde dort schon befunden haben oder sonst irgend etwas Inter-essantes vorgefallen ist.

Er steckt auch sein eigenes Revier ab, er hinterläßt seine eigenen Duft-marken, um anderen Hunden zu zeigen, daß dies sein Revier ist.

Durch sein Riechvermögen ist der Hund auch besonders gut geeignet, um den Menschen schon zu warnen, wenn irgend jemand aus weiter Ent-fernung sich nähert. Nicht nur durch das Auge und durch das Gehör ist es dem Hund möglich, sondern vor allem auch durch sein Riechvermö-gen, das zu erkennen, bevor der Mensch diese Feststellungen treffen kann.

Wenn der Hund etwas bemerkt, dann stellt er die Nase hoch in Wind-richtung und kann durch Wittern schon aus weiter Entfernung erkennen, ob sich hier Wild oder Menschen befinden.

Diese außerordentlich große Leistungsfähigkeit der Sinnesorgane des Hundes macht es dem Hund möglich, dem Menschen viele Dienste zu leisten. Außer dem treuen **Begleithund** und dem guten **Wachhund** kön-nen wir hier den **Jagdhund** nennen, der dem Jäger große Dienste leistet, den **Hütehund**, den **Lawinenhund,** der im Gebirge bei Lawinenunglük-ken außerordentlich erfolgreich eingesetzt wird, indem er durch dicke Schneeschichten hindurch mit seiner Nase feststellen kann, wo ein ver-schütteter Mensch liegt; der Hund kann als **Rettungs- und Trümmer-hund** große Hilfe leisten, indem er unter Trümmern begrabene Men-schen anzeigen kann. Nicht zu vergessen sei der **Blindenführhund,** der den Blinden sicher durch seine dunkle Welt führt. Schließlich ist der Hund für den Menschen wertvoll als **Polizeidienst- und Zollhund** und auch im privaten Bereich als Schutzhund. Nicht unerwähnt soll man las-sen, was in den letzten Jahren oder Jahrzehnten sich entwickelt hat: den Hund bei der Bekämpfung des Drogenhandels. Wenn der Hund entsprechend ausgebildet worden ist, kann er durch seine Nase Drogen trotz guter Verpackung ausmachen. Er hat daher schon sehr häufig dazu beigetragen, daß Drogenhändler dingfest gemacht werden konnten.

An diesen vielfältigen Möglichkeiten, die der Hund hat, sieht man, wie ungeheuer wertvoll sein positives Verhalten für den Menschen ist.

> ## „Durch den Verstand des Hundes besteht die Welt."
>
> *Wendidad/Zend-Avesta*

Donnerwetter, welch eine Aussage! Sie stammt aus den altiranischen religiösen Grundsatzsammlungen des Zarathustra um 600 vor Christus. Können die heutigen Menschen da noch mithalten?

Der Hovawart hält bei all diesen Aufgaben, die der Hund erfüllen kann – mit Ausnahme der Jagd, die nicht seine Aufgabe sein soll –, eine gute Spitze und hat in großem Maße gute Ergebnisse erzielt.

Aber das Beste und das Schönste, was der Hund dem Menschen dargebracht hat – und er tut dies immer wieder –, ist wohl, **daß er Fröhlichkeit in das Leben des Menschen bringt,** und zwar sowohl im Familienkreise als auch gerade für den alleinstehenden, einsamen Menschen. Der Hund fordert uns auf zum Spiele, er ist neckisch, er neckt uns und vollführt die drolligsten Bewegungen und Sprünge und Hüpfereien, und er sieht uns dabei drollig und aufmunternd an, so daß traurige Stimmungen bei uns verfliegen. Jeder Hundehalter kann es fast täglich erleben, welche Freude der Hund zum Ausdruck bringt, wenn sein Frauchen oder Herrchen nach längerer Abwesenheit wieder in die Wohnung tritt. Er springt hoch, er rast hin und her vor Freude, er rennt um den Tisch herum, mal rechts herum, mal links herum. So freuen kann sich kein Mensch über irgend etwas oder über andere Menschen. Es ist ein einziger Jubelschrei der Seele des Hundes, diese Wiedersehensfreude. Dank, tausendmal

Dank müssen wir unserem Schöpfer sagen, daß er uns dieses einzigartige und liebe Wesen, unser Mitgeschöpf, zur Seite gegeben hat. Wir müssen uns dies gerade in der heutigen Zeit ganz besonders klar machen, weil man heute auch so viel Unfreundliches über den Hund sagt und schreibt. Wie undankbar ist doch das von uns Menschen, wenn wir erleben, wie selbstlos und uneigennützig der Hund uns zugetan ist. Kein Geringerer als der große Philosoph Schopenhauer hat uns dies in einem kurzen Ausspruch gesagt:

> *Wundern darf es mich nicht,*
> *daß manche die Hunde verleumden,*
> *denn es beschämt zu oft*
> *leider den Menschen der Hund.*

Negatives Verhalten –
Aktuelle kynologische Fragen

Wenn hier so viel positives Verhalten des Hundes gegenüber dem Menschen dargestellt worden ist, wundert man sich eigentlich, daß in der Öffentlichkeit, in den Zeitschriften und den Fernsehmedien heute in zunehmendem Maße Berichte erscheinen, die den Hund in negativem Licht zeigen. Man soll die Augen davor nicht verschließen, aber man muß doch sagen, daß diese Berichte häufig weit übertrieben sind.

Was lastet man dem Hund als negativ an? Wenn jeder Hundehalter seinen Hund richtig hält und auch unter Aufsicht hat, wie es ja auch Vorschrift ist, dann werden die negativen Verhaltensweisen des Hundes kaum vorhanden sein.

Die Eigenschaft, die den Hund als Wachhund besonders gut auszeichnet, das Anschlagen und das Bellen, wenn der Hund schon aus weiter Entfernung irgend etwas wahrgenommen hat, das kann sich als störend bemerkbar machen, wenn es übermäßig lange ausgeführt wird.

Übermäßiges Bellen

Das übermäßige Bellen des Hundes beruht aber häufig auf einer falschen Haltung und Unterbringung des Hundes. Der stundenlang allein gelassene Hund, der in einem zu kleinen Zwinger sich aufhalten muß, oder der heute zum Glück selten anzutreffende Kettenhund, der ist derartig gestreßt, daß er in eine nervöse Phase hineinkommt, die sich durch ununterbrochenes Bellen äußert.

Leider muß man hier aber auch die Unduldsamkeit vieler Menschen anführen, die glauben durch Lärmschutzbestimmungen berechtigt und geschützt zu sein, nun dauernd Kritik zu üben und Vorwürfe zu erheben, wenn ein Hund in ihrer Nachbarschaft bellt. Ein gewisses Maß an Bellen muß man dem Hund zugestehen, das ist seine Natur, und das kann man nicht ganz unterbinden. Es ist bestimmt weltfremd und übertrieben, was in einem Gerichtsurteil festgelegt worden ist, daß der Hund beispielsweise am Tage insgesamt nur 2 Stunden und in einer Tour nur 10 Minuten bellen darf. Man muß immer die betreffende Situation betrachten, in der der Hund sich befindet, und weshalb er bellt. Man unterdrückt die beste Eigenschaft des Hundes, wenn man ihm das Bellen verbietet. Manche Menschen glauben schon berechtigt zu sein, Maßnahmen zu ergreifen, wenn in ihrer Nachbarschaft fröhlich spielende Hunde herumtollen und bellen, und sei es auch nur wenige Minuten lang.

Man hat den Eindruck, daß manche Richter hier den Weg des geringsten Widerstandes gehen und sich den mißbilligenden Äußerungen in der Öffentlichkeit beugen und deswegen derartige Urteile fällen, um sich als fortschrittlich zu zeigen. Richtiger wäre es, wenn die Richter, da ja Gerichtsurteile häufig als Richtschnur für richtiges Verhalten gewertet werden, ein vernünftiges Urteil fällen würden in dem Sinne, daß sie den mißvergnügten Menschen sagen, daß sie bei geringem Bellen auf keinen Fall eine übertriebene Abwehrhaltung einnehmen dürfen, sondern daß sie auch den Hundehaltern gerecht werden müssen, die ihre Interessen an der Hundehaltung und auch an dem richtig motivierten Bellen der Hunde haben. Man hat fast den Eindruck, daß die Menschen heute das Motorengeräusch von Hubschraubern und von dahinrasenden Motorrädern lieber haben als irgendwelche Naturlaute von Tieren, sei es das Bellen von Hunden oder die Lautäußerungen von Kühen oder selbst das

Gurren von Wildtauben und das Krähen des Hahnes aus der Nachbarschaft.

Ich selbst kann ein eigenes trauriges Erlebnis anführen. Ich habe im Altmühltal einen Bungalow oberhalb eines Dorfes, wo man eine sogenannte Waldsiedlung von etwa 50 bis 60 Ferienhäusern gebaut hat für Leute aus Großstädten. Alle Grundstücke sind etwa 2000 qm groß, und die vom Haus ausgehende Wiese führt dann zum Wald, also ein richtiger Waldfrieden.

Hier habe ich häufig mit Bekannten logiert, und es waren einmal drei Hunde anwesend. Ich selbst passe schon auf, daß ein übermäßiges Bellen nicht erfolgt, ich bin ja als Hundeexperte mit dem Thema vertraut. Ich kann aber auch nicht die Freude der Hunde grob unterbinden, die, wenn der langersehnte Spaziergang beginnt, fröhlich bellend aus dem Haus über die Wiese zum Wald rasen. Diese muntere Rangelei der Hunde dauert höchstens eine Minute, und man kann dies auf keinen Fall als ruhestörenden Lärm bezeichnen.

Trotzdem erhielt ich eines Tages von der Post einen anonymen Brief zugeschickt, mit folgendem Inhalt: „Herr Bengeforth, wenn Sie nicht sofort das dauernde Gekläff Ihrer Köter unterbinden, werde ich sie vergiften."

Ich selbst habe dann heftig reagiert, habe ein Schild gezeichnet mit folgendem Text: „500,– DM Belohnung, wer mir den kriminellen Schreiber dieses anonymen Schreibens nachweist." Außerdem habe ich die Ortspolizei kommen lassen, und die kamen auch mit ihrem Polizeibus in die stille Waldsiedlung hinauf, und das alles hat natürlich in der einsamen Gegend Aufsehen erregt. Das Schild hatte ich an vier verschiedenen Stellen und auf meinem Grundstück ausgehängt, wo es dann wochenlang hing, und alle Fußgänger lasen eifrig dieses Schild.

In der ganzen Waldsiedlung war der Vorfall ein lebhaftes Gesprächsthema. Einen Erfolg hat es nicht gegeben in dem Sinne, daß ich den Namen des Täters herausbekommen hätte, aber es war doch ein Erfolg insofern, daß der Betreffende gemerkt hat, daß er hier eine kriminelle Tat vorhat und daß ich mich energisch zur Wehr setzen werde und daß er mit seinem Vorhaben nicht irgendwelche Erfolge haben könnte, zumal in Gesprächen der Einwohner hinter vorgehaltener Hand der eine oder der andere auf den wahrscheinlichen Schreiber hingewiesen hat.

Nun hatte ich gedacht, daß ich, aus der Großstadt kommend, hier oben meinen Waldfrieden haben würde – aber weit gefehlt! Auch hier gibt es Menschen, die glauben, daß sie in einer kleinen Waldsiedlung Oberkommissar spielen und feststellen könnten, wann ein Hund zu viel bellt und wann nicht, und Selbstjustiz ausüben und kriminelle Maßnahmen ergreifen könnten, als ob die Vergiftung von Hunden keine Tierquälerei wäre. So belanglos sehen manche Menschen schon die Vergiftung von Hunden und anderen Tieren.

Hier muß man tatsächlich die Hundehalter ermuntern, daß sie sich von solchen oder ähnlichen Drohungen nicht einschüchtern lassen, sondern daß sie sich energisch zur Wehr setzen und anderen selbstherrlichen Menschen klarmachen, daß sie ihre Kompetenzen bei weitem überziehen, wenn sie solche Ansichten vertreten und solche Vorhaben befürworten.

Von einer ganzen Reihe von Nachbarn habe ich Zustimmung zu meinem Vorgehen bekommen und jetzt, nach über einem halben Jahr, sprechen mich manchmal noch Leute an und geben ihrer Empörung darüber Ausdruck, daß hier derartige Dinge beabsichtigt worden sind, und sind dankbar dafür, daß ich diese Haltung öffentlich angeprangert habe.

In der Zeitschrift „Der Spiegel" vom 18. 2. 91 erschien ein zwei Seiten langer Artikel über das Thema „Warum bellen Hunde?" Zwei bekannte amerikanische Verhaltensforscher, Raymund Coppinger und Marc Feinstein, haben diese Frage untersucht und kamen zu einem Ergebnis, über das man sich eigentlich wundern muß; sie schreiben: „... Der Hund bellt ohne tieferen Grund, mal aus Angst, mal aus Ärger, mal aus Langeweile oder einfach nur so, weil ihm gerade so ist." Ein nachvollziehbares Regelsystem sei hinter dem Hundegebell nicht zu erkennen.

Ja, ich möchte schon sagen, das ist doch zu einfach dargestellt. Es gibt doch vielfältige Motive für das Gebell des Hundes.

Eine durchaus eindeutige Antwort ist schon gegeben worden auf die Frage: Warum bellen die Hunde? Weil sie Gefahr spüren, sei es durch ihr Gehör, sei es durch ihr Riechvermögen oder ihre Augen, wenn sich irgend etwas ihrem Revier nähert.

Es gibt ein scheinbar unmotiviertes Bellen des Hundes, was ich bei meiner jetzigen Hovawarthündin schon beobachtet habe. Wenn sie auf der Terrasse liegt und man denkt, sie schläft, dann erfolgen plötzlich zwei oder drei Bellaute; hat sie aber vielleicht doch etwas gehört, was ich nicht hören konnte? Manchmal bellt sie auch halblaut so vor sich hin, längere Zeit, und ich selbst kann nichts erkennen. Aber nun gleich die Schlußfolgerung zu ziehen, das Hundegebell sei unmotiviert und der Hund belle ohne tieferen Grund, das ist wohl zu oberflächlich gesehen.

Vielleicht verfolgen manche Wissenschaftler eine bestimmte Idee und zwingen nun alles in diese Idee hinein. Mit ihrer Feststellung, die Bellerei des Hundes sei nichts anderes als eine natürliche und zwangsläufige Folge der Domestikation, sagen Coppinger und Feinstein ja gar nichts Neues.

Die Tausende von Jahren umfassende Domestikation hat ja vom Heulen des Wolfes bis zu dem markanten Bellen der verschiedensten Hunderassen einen weiten Weg zurückgelegt, und man weiß doch schon, daß im Rahmen der Domestikation Veränderungen von körperlichen und Wesensmerkmalen sich ergeben haben.

Der ganze Artikel ist so ein bißchen herabwürdigend abgefaßt, als ob das Bellen des Hundes nun wirklich eine verachtenswerte Eigenschaft der Hunde wäre. Eine Klärung der Frage des Bellens der Hunde und eine kynologische Bereicherung ist durch diese Ausführungen der Verhaltensforscher jedenfalls nicht gegeben.

Das Anspringen von Menschen

Wenn in diesem Kapitel negative Verhaltensweisen des Hundes behandelt werden sollen, kann man noch das Anspringen von Menschen anführen.

Das Anspringen in gemäßigter Form ist ja ein Spiel, das man gerne mit seinem Hund spielt. Der Hund kann nicht unterscheiden, wann sein Anspringen erwünscht oder unerwünscht ist. Wenn der Hund Spaziergänger anspringt, ist dies im allgemeinen unerwünscht, denn je nach Größe des Hundes kann der Mensch dem Sprung nicht immer standhalten, und er kann zu Fall kommen. Es ergeben sich dann unangenehme Auseinandersetzungen mit Spaziergängern und Joggern.

Diese Unart kann man dem Hund in seiner Jugend mit Geduld und Konsequenz verhältnismäßig leicht abgewöhnen. Läßt man da die Zügel zu locker, dann bekommt man das später nicht mehr heraus, und man hat dann oft Schwierigkeiten; unter Umständen hat man behördliche Maßnahmen zu erwarten, wie die Verhängung der Leinenpflicht in der Öffentlichkeit.

Die Hunde wollen ja nur freundliche Kontakte aufnehmen, und es kommt meistens nicht dazu, daß die Hunde jemanden beißen. Wenn der Angesprungene dann ängstliche Abwehrbewegungen und Laute ausführt, dann kann das beim Hund schon einmal ein Schnappen als Ausdruck eines Beutetriebes zur Folge haben. Hier kann man nur den Rat geben, sich ganz ruhig zu verhalten und ein paar freundliche Worte zu dem Hund zu sprechen, dann läßt dieser sofort von dem Menschen ab.

Um dieses Verhalten noch einmal näher zu illustrieren, möchte ich auch wieder ein eigenes Erlebnis beisteuern. Mein Hund sprang beim Spaziergang – was er sonst nicht tat – aus irgendeiner übermütigen Laune heraus, einen Jogger fröhlich an. Der Betreffende fühlte sich aber belästigt und machte eine Anzeige, nachdem er sich durch heftiges Schimpfen Luft gemacht hatte. Das hatte zur Folge, daß das zuständige Veterinäramt einen Leinenzwang für den Hund verordnete.

Um einmal zu zeigen, wie von Seiten der Behörden, und hier haben die anderen Bundesländer fast die gleichen Vorschriften erlassen, und auch die Straßenverkehrsordnung lautet sinngemäß gleich, schon leichte Fehlhandlungen des Hundes oder des Hundehalters beurteilt und verfolgt werden, kann ich hier einmal das entsprechende Verordnungsblatt des Charlottenburger Bezirksamtes abdrucken:

Zur Information und Beachtung teilen wir auszugsweise bzw. sinngemäß einige Rechtsvorschriften mit, die von Tierhaltern zu beachten sind.

§ 28 Straßenverkehrsordnung

. . . Hunde sind auf der Straße **nur zugelassen, wenn sie von geeigneten Personen begleitet sind.**

§ 3 Gesetz zum Schutz der öffentlichen Grün- und Erholungsanlagen

. . . **es ist untersagt, Hunde** und andere Haustiere **in** den öffentlichen **Grünund Erholungsanlagen** umherlaufen zu lassen oder anders als kurz angeleint zu führen, sie auf Kinderspielplätze, Tummelplätze und Spiel- und Liegewiesen mitzunehmen.

§ 8 Straßenreinigungsgesetz

Hundehalter haben dafür zu sorgen, daß **Hunde die Gehwege und Straßen nicht verunreinigen. Wer dagegen verstößt, hat die Folgen unverzüglich zu beseitigen.** Andernfalls liegt eine Ordnungswidrigkeit vor, die mit einer Geldbuße geahndet werden kann.

§ 20 Landeswaldgesetz / § 2 Feldschutzgesetz

Es liegt eine Ordnungswidrigkeit vor, wenn Hunde oder andere Haustiere in allgemein zugänglichen Waldgebieten oder auf sonstigen geschützten Grundstükken (insbesondere Äcker, Wiesen, Gärten usw.) frei umherlaufen, die nicht dafür freigegeben und an den Zugangswegen durch besondere Schilder als dafür freigegeben ausdrücklich gekennzeichnet sind (z.B. Hundeauslaufgebiete in den Wäldern).

§ 230 Strafgesetzbuch

Wer durch Fahrlässigkeit die **Körperverletzung** eines anderen **verursacht, wird** mit Freiheitsstrafe bis zu 3 Jahren oder mit Geldstrafe **bestraft.**

§ 121 Gesetz über Ordnungswidrigkeiten

Ordnungswidrig handelt, wer vorsätzlich oder fahrlässig ein bösartiges Tier (so. z. B. **bissige Hunde) sich frei umherbewegen läßt** oder als Verantwortlicher für die Beaufsichtigung eines solchen Tieres **es unterläßt, die nötigen Vorsichtsmaßnahmen zu treffen, um Schäden durch das Tier zu verhüten.**

Die Ordnungswidrigkeit kann mit einer Geldbuße – bei Fahrlässigkeit bis zu 500,– DM, bei Vorsatz bis zu 1 000,– DM – geahndet werden.

Der verantwortungsbewußte Hundehalter wird seinen Hund in der Öffentlichkeit, insbesondere in einer Großstadt wie Berlin, **in der Regel** von sich aus, d.h. freiwillig, **nur kurz angeleint ausführen!**

Der Amtstierarzt

46

Es ist erstaunlich, wie eingeengt heutzutage der Hundehalter schon durch behördliche Verordnungen ist und wie auch schon mit Strafandrohungen versucht wird, den Hundehalter unter Druck zu setzen.

Wenn hier unter der Überschrift „Allgemeines Verhalten von Hunden" auch negatives Verhalten dargestellt werden soll, dann könnte man noch anführen, daß es natürlich Hunde gibt, die herumstreunen und wildern. Das ist aber eine verhältnismäßig selten vorkommende Verhaltensweise von Hunden; es gibt zwar Hunde, denen dies mehr im Blute liegt und die auch einmal dem Wild nachstöbern. Das sind Erscheinungen, die man als Hundehalter mißbilligen muß. Man kann sie aber auch beim Jagdhund, wenn man sich intensiv mit ihm beschäftigt, verhältnismäßig leicht abgewöhnen.

Daß manche Hunde Menschen anfallen und beißen, das wird ja in der letzten Zeit in Zeitungen, Zeitschriften und Fernsehmedien breit ausgeschlachtet. Es werden zum Teil drastische Maßnahmen gefordert gegen derartige Hunde oder gegen Hunderassen, denen man dies als Rassemerkmal ganz besonders ankreidet.

Wenn Hunde Menschen in der Öffentlichkeit beißen, ist das immer die Folge von Verhaltensfehlern der Hundebesitzer, die ihrem Hund als sein „Meuteführer" nicht genügend gezeigt haben, daß ein vernünftiges, gemäßigtes Meuteverhalten gefordert ist. Wenn man den Hund nicht immer liebevoll behandelt und unter Aufsicht hat, dann entwickelt sich beim Hund ein selbständiges Verhalten und unter Umständen zeigen solche Hunde die Neigung zu beißen. Man kann wirklich sagen, das sind Folgen der Haltungsfehler und der Gleichgültigkeit der Hundehalter ihrem Hund gegenüber, indem sie jede seiner Unarten durchgehen lassen.

Den Hunden das Anspringen abzugewöhnen, ist eine Geduldsprobe. Man kann damit schon beim Junghund beginnen.

Man will ihm aber nicht das fröhliche Begrüßen seines Frauchens oder Herrchens strafend abgewöhnen, sondern ein gewisses Maß an Anspringen kann man dadurch belohnen, daß man ihn streichelt und freundlich mit ihm spricht. Wenn das vom Hund zu lange ausgedehnt wird, dann muß man sachlich streng das Kommando sagen: „Aus, unten bleiben!" Dabei kann man die linke Hand flach vor seine Nase halten und mit der rechten Hand seinen Kopf sanft nach unten drücken. Wenn der Hund dann das Springen läßt und sich sogar setzt, dann muß man ihn ausgiebig loben, mit der bei jeder Art von Ausbildung üblichen Formel: „So ist's brav."

Wenn der Hund dann nach dieser kurzen Pause nun doch wieder anspringt, dann muß man mit großer Geduld immer wieder dasselbe sagen: „Aus, aus, unten bleiben!" und die entsprechende Handbewegung dazu machen. Jedesmal, wenn der Hund sich dann setzt oder unten bleibt, wird er wieder ausgiebig gelobt.

Dieses Ausbildungsspiel erfordert natürlich eine große Geduld von Seiten des Hundehalters. Wenn man dies aber wirklich konsequent macht, dann hat man bald Erfolg. Man muß aber wirklich konsequent bleiben – wie bei jeder anderen Ausbildungsarbeit der Hunde auch – durch tausendfache Wiederholung immer derselben Worte. „Aus, unten bleiben!" und „So ist es brav." Nun merkt der Hund allmählich, was er bei diesen Worten machen soll, und er macht das dann von alleine auf einmaliges Kommando.

Der Hund kann ja nun einmal in diesem Sinne nicht selbständig logisch denken, er beherrscht auch die Sprache nicht, man kann es ihm nicht übelnehmen, wenn er triebmäßig freudig handelt und immer wieder Herrchen oder Frauchen seine Zuneigung zeigen will durch Anspringen. Aber alles wird ja mal zu viel, und wenn der Hund dann groß ist und es ist ihm im Hinblick auf Anspringen immer alles gestattet worden, dann macht er dies unterwegs bei Spaziergängen auch: er will dann freundlich „Guten Tag" sagen und springt mehr oder minder heftig an. Wenn der Angesprungene dann Angst hat und Ausweichbewegungen und heftige Armbewegungen macht und wegrennt, was besonders Kinder tun, dann reizt das den Hund wieder zu neuem Anspringen, und dann ergeben sich die schon geschilderten unangenehmen Auseinandersetzungen. Wenn man den Hund nun durch die dauernden Kommandos gut im Griff hat, und er läuft wirklich einmal einem wegrennenden Kind nach, dann hat man auch Erfolg, nur mit dem ganz energischen und laut gerufenen „Aus! Hier!", und dann kann man Zwischenfälle vermeiden.

Da der Hund wie gesagt, nicht sprachlich denken und man ihm nicht mit logischen Sätzen plausibel machen kann, was er soll, spricht man in der Ausbildung davon, der Hund verknüpft die Worte mit den Handlungen die er ausführen soll, und durch die beständigen Wiederholungen dieser Kommandos in Verbindung mit dem erwarteten Verhalten tut der Hund dann auf das Kommando hin, was er soll. Also auf die Verknüpfung von Wort und Kommando – mit entsprechenden Einwirkungen der Hand zusätzlich – und hinterher erfolgender Lobesformel mit dem gewünschten Verhalten kommt es an.

Wildern und Herumstreunen

Ich habe oben vom Wildern und Herumstreunen gesprochen. Auch diese Unarten kann man ebenso abgewöhnen und nicht anders, als beim Anspringen schon ausgeführt, nämlich durch beständige Kommandos. Ich muß also dem Junghund, sobald er beim Spaziergang anfängt, einem Kaninchen schnüffelnderweise nachzurennen, mit der Nase tief auf dem Boden, sofort energisch zurufen: „Aus! Hier!" Wenn er dann nach mehrmaligen Kommandos wirklich zurückkommt, dann wieder stark loben – immer wieder, unermüdlich, ohne Zorn, ohne Ungeduld. Dann verknüpft der Hund auch hier wieder diese Kommandoworte mit dem gewünschten Zurückkommen zu seinem Herrn.

Es ist günstig, dies mehrfach an einer Stelle zu üben, wo es Kaninchen gibt und der Hund immer wieder den Kaninchen nachläuft.

Bei dieser Übung, wo der Hund ja eine gewisse Entfernung von seinem Herrn zurücklegt, um dem Kaninchen zu folgen, ist es anfangs oft nötig, daß man den Hund an einer ganz dünnen Leine hat, etwa 20 m lang. Dann verbindet man das Kommando „Aus! Pfui! Hier!" mit einem kräftigen Leinenruck, den man sofort wieder lockert. Wenn der Hund dann stoppt, wird er gelobt. Und wenn er dann wieder nachsetzt, bekommt er wieder den Leinenruck; und wenn er nun aufhört, dem Wild nachzulaufen, dann wird er kräftig gelobt und herangeholt. Durch diese unermüdliche Übung schafft man es auch, dem Jagdhund das Wildern abzugewöhnen.

Beim Hovawart gelingt dies verhältnismäßig leicht, denn der Hovawart neigt von Natur aus nicht zum Wildern. Er macht dies als Junghund auch, da zeigen sich so alte Reminiszenzen aus der wölfischen Zeit im Verhalten, aber beim Hovawart ist durch die Domestikation die Neigung, dem Wild nachzulaufen, sehr gering vorhanden, so daß man, wenn man sich hier mit Geduld die Mühe macht, dem Hund das mit der langen Leine abzugewöhnen, bald den gewünschten Erfolg hat.

Beißen

Wenn Hunde Menschen beißen oder sogar totbeißen, überlegt man sich immer: Welche Gründe hatten die Hunde, wodurch sind sie motiviert worden?

Ein Beispiel ist hier eine Zeitungsnachricht, wonach eine 73jährige Rentnerin in Arnsdorf in Niederbayern von ihren drei Boxern totgebissen worden ist.

Hier erkennt man das Meuteverhalten, das fängt schon bei zwei Hunden an, und bei drei Hunden ist es noch ausgeprägter. In der Meute neigen Hunde zu plötzlichen Aggressionen, wenn sie beispielsweise durch weglaufende Menschen, z. B. Kinder, motiviert werden oder – wie in dieser Zeitungsnachricht zu lesen ist – durch das Hinfallen der gehbehinderten Rentnerin. Hier wird der Beutetrieb geweckt.

Hinzu kommt vielleicht noch, daß diese Hunde zu wenig Auslauf hatten. Sie werden zwar im Garten gehalten, aber das genügt nicht. Hunde müssen laufen, täglich mehrere Kilometer, das bestätigen viele Experten. Der Hund ist ein Bewegungstier. Es genügt nicht, daß er in einem großen Grundstück gehalten wird; da fühlt sich der Hund auch eingeengt, und es kommt zu einem Energiestau. Wird der Hund dann losgelassen, dann ist der Hund im ersten Impuls sehr wild, und wenn ihm dann andere Hunde entgegenkommen oder einzelne Menschen, die sich vielleicht auffällig benehmen oder irgend etwas tragen, wie Taschen, oder Kinder, die springen und johlend ankommen, dann sind das Anlässe, die Hunde manchmal zum Beißen veranlassen.

Dies müssen Hundehalter wissen und ihren Hund entsprechend halten: sie müssen ihm einerseits Bewegung geben, aber sie dürfen ihn in solchen Situationen nicht ohne Leine laufen lassen. Besonders wenn Kinder, Läufer oder Jogger sich schnell nähern, dann müssen sie ihre Hunde an die Leine nehmen. Das trifft nicht auf alle Hunde zu, aber man muß damit rechnen, daß Meuteinstinkte wach werden, wenn sie derartig motiviert werden.

Eine andere Zeitungsnachricht vom 22. 10. 1990 teilt mit, daß eine Friseurin, Gabriele D., 25 Jahre alt, aus Großhofen bei York, mit ihrem Rottweiler im Wohnzimmer spielte. Plötzlich sprang das Tier hoch, zerfleischte ihr Gesicht; die junge Frau wurde schwer verletzt, der Hund erschossen.

Hier haben wir eine andere Situation: durch das Spiel mit dem Frauchen kommt der Hund so in Fahrt und sein Temperament wird wach, daß er vielleicht doch Meuteführerinstinkte entwickelt, und wenn es dem spielenden Menschen nicht gelingt, den Hund wieder in den Griff zu bekommen, dann beißt der Hund. Das sind dann Instinkthandlungen, zum Teil Eifersuchts- oder Konkurrenzhandlungen wie in diesem Fall. Der Hundehalter muß also wissen, daß er auch beim übermütigen Spielen Grenzen einhalten muß und die Wildheit des Hundes nicht in ein Übermaß hochsteigen darf. Dies muß man besonders Kindern einprägen: rechtzeitig aufhören und dem Hund wieder Ruhe lassen!

Lange eingesperrte Hunde beißen. Wenn die Besitzer, weil sie berufstätig sind, den Hund den größten Teil des Tages in einer kleinen Wohnung halten müssen, dann kommt es nun, wenn der Hund entweder ausbrechen kann oder endlich mal am Abend in die Freiheit entlassen wird, manchmal infolge des Energiestaus dazu, daß Hunde beißen, wenn sie dazu motiviert werden durch laufende Jogger oder Kinder.

Eine andere Motivation zum Beißen für Hunde ist, wenn jemand dem Hund zu nahe kommt, besonders, wenn er nicht ausweichen kann; denn dann hat er das Gefühl, daß er in seinem Revier bedrängt und eingeengt wird.

In diesen Bereich gehört die Nachricht eines Zeitungsartikels, daß ein dreijähriger Junge in Niederösterreich durch Hundebisse getötet worden ist. Das Kind wollte einen angeleinten, als gutmütig geltenden Mischlingshund streicheln. Plötzlich fiel der Hund den Jungen an und biß ihm mehrmals in den Kopf. Das Sich-bedrängt-Fühlen ist eine weitere Motivation, warum Hunde beißen.

Dies alles müssen Hundehalter wissen und dürfen es zu solchen Situationen nicht kommen lassen. Kindern muß man beizeiten sagen: „Nähert euch nicht fremden Hunden, die ihr nicht kennt! Lauft nicht auf sie springend und ärmchenschwingend zu! Das ist für den Hund häufig schon Anlaß, sich bedroht zu fühlen oder seinem Meute- und Beutetrieb zu folgen, die Meute zu verfolgen und die Beute zu beißen. Und nähert euch einem angeleinten Hund nicht, weil er sich dann in seinem Revier bedroht fühlt."

Das müssen die Hundehalter wissen, daß solche Situationen vorkommen können, und das müssen vor allem Eltern wissen, damit sie ihren Kindern das erklären. Sie müssen ihnen trotz aller Tierliebe und Liebe

Alex vom Lüßbachtal

52

Baghies von den Nibelungen

besonders zum Hund sagen, daß der Hund eben doch letzten Endes ein nicht genau zu kalkulierendes Wesen ist, daß er zum Teil noch ein unbekanntes Wesen ist, und daß da Instinkte wachgerufen werden können, die den Hund anders handeln lassen, als die Menschen das von ihrem Liebling und von den Tausenden von Hunden, die noch nichts Böses verursacht haben, bisher erlebt haben. Man kann sagen, irgendwann kann auch ein gutmütiger Hund ausflippen, und es kommt dann zu solchen dramatischen Vorfällen. Es ist tatsächlich so, hier kann man nicht eindringlich genug an die Eltern appellieren, den Kindern zu sagen: „Seid vorsichtig mit fremden Hunden!"

Die althergebrachte These, der Hund sei kinderlieb, gilt nur eingeschränkt; Experten und Wissenschaftler haben das auf die Formel gebracht: Einen kinderlieben Hund gibt es nicht.

Aus dem vorher Gesagten geht das auch hervor, der Hund ist nicht ganz berechenbar. Selbst als gutmütig geltende Hunde können durch irgend etwas gestreßt sein und dann zuschnappen oder kräftig beißen. Aus den vielen Zeitungsberichten über solche Zwischenfälle weiß man, daß nicht die Größe des Hundes ausschlaggebend ist, natürlich kann ein großer Hund kräftiger und gefährlicher beißen, aber wie es in einer Zeitungsüberschrift hieß: „Auch kleine Hunde können töten".

Das soll natürlich nicht zur Panikmache führen, aber diese Kenntnisse muß man haben.

Und noch etwas muß man Kindern und auch Erwachsenen sagen: „Geht nicht in gebückter Haltung auf einen Hund, besonders nicht auf einen angeleinten Hund, zu, und geht nicht mit eurem Gesicht in Augenhöhe des Hundes auf ihn zu!" Auch das vertragen viele Hunde nicht und sie betrachten das als Bedrohung und werden dann unter Umständen aggressiv.

Wir müssen all diese Kenntnisse berücksichtigen, und selbst wenn wir tausendmal gutmütige Hunde gestreichelt haben, müssen wir dann im Hinterkopf immer noch den Gedanken haben: „Sei vorsichtig, bedränge den Hund nicht unnötig! Er könnte das vielleicht falsch auffassen und sich bedroht fühlen, und dann doch einmal zuschnappen."

Wenn uns diese Kenntnisse in Fleisch und Blut übergegangen sind, können wir ganz unbefangen mit Hunden umgehen, sie werden immer freundlich zu uns sein, und wenn einer doch einmal ausrastet, werden wir darauf gefaßt sein und uns richtig verhalten.

Sich beißende Familienhunde – Steffi Graf und ihre Hunde

Hin und wieder kommt es aber doch vor, daß Hunde sich beißen. Jeder Hundebesitzer muß jetzt wissen, wie man sich beißende Hunde am besten trennt. Vor allem darf man nicht in Aufregung oder gar in Panik geraten. Jeder Hundebesitzer faßt seinen Hund an der Rute – bei koupierten Hunden vorsichtig an den Hinterläufen – und hebt ihn hinten langsam hoch und geht einen Schritt langsam zurück. Die sich beißenden Schnauzen können vorn das Körpergewicht nicht lange halten und lassen los. Ganz falsch ist es, mit den bloßen Händen zu versuchen, die Schnauzen zu öffnen. Hierbei kann man erhebliche Bißwunden an den Händen abbekommen, denn die Hunde können in ihrem Beiß-Trancezustand nicht unterscheiden, daß hier Frauchens oder Herrchens Hände an ihren Schnauzen sind. Die oft gehörte Meinung „na, der Hund muß doch merken, daß dies Frauchens oder Herrchens Hände sind; da darf er doch nicht beißen", ist falsch.

Als ich in jüngeren Jahren gleichzeitig drei Hovawartrüden und eine Hündin hielt, die als richtige Familienhunde viel in der Wohnung waren, kam es einmal zu einer heftigen Beißerei zwischen zwei Rüden. Meine Frau schmuste besonders gefühlvoll mit ihrem Lieblingsrüden, und blitzschnell stürzte sich der andere Rüde auf den Schmuser, und es war eine wütende Beißerei im Gange. Meine schnell reagierende Frau faßte sofort die hin und her beißenden Schnauzen, um sie zu trennen. Das Ergebnis ihrer Courage war, daß sie vom Fangzahn eines Rüden einen Durchbiß durch die rechte Mittelhand bekam, mit dem sie wochenlang zur Behandlung ins Krankenhaus laufen mußte. Die „kynologische Besprechung" dieses Vorfalls zwischen Frau und Herrn Bengeforth sah nachher so aus: Frau B.: „Ehe Du Nachtwächter endlich zupackst, haben mir die Hunde die halbe Hand abgebissen." Herr B.: „Schnell, aber dumm handeln, bringt eben doch ein größeres Risiko mit sich". Als kynologische Erfahrung ergibt sich, daß man in einer Familie, in der mehrere Hunde gehalten werden, sich davor hüten sollte, einen Hund in Gegenwart der anderen zu bevorzugen und besonders liebevoll zu schmusen. Man muß den Hunden wohl Eifersuchtsempfindungen zurechnen; vielleicht liegt aber auch nur die kynologische Erklärung zugrunde, daß ein Hund die Ranggleichheit in der Familienmeute mißachtete und sich durch Anschmusen beim Meuteführer – Frauchen oder Herrchen – einen höheren Rang ergattern wollte.

Wenn Steffi Graf, die bekanntlich sehr tier- und hundelieb ist und darin an Brigitte Bardot erinnert, von den Verhaltensweisen der Hunde genausoviel verstanden hätte wie vom Tennisspiel, wäre wahrscheinlich ihr Liebling, der alte Boxer, nicht so arg von ihren Schäferhunden gebissen worden (Bericht der Bildzeitung). Das kann kein Vorwurf sein, denn die komplizierten Verhaltensweisen der Hunde erfaßt man ja erst im Laufe von vielen Jahren der Beschäftigung mit Hunden. In einer Familie mit mehreren Hunden müssen die Familienmitglieder aber ihren gefühlvollen Schmusedrang etwas bezähmen und alle Hunde sehr gerecht und gleichmäßig behandeln.

Umweltverschmutzung durch Hundekot

Hundegegner bringen als Hauptargument für ihre negative Einstellung gegenüber Hunden die Verunreinigung der Straßen und Plätze durch Hundekot. Es ist in den vergangenen Jahren die Beseitigung des Hundekots, besonders in Berlin, durch eine groß angelegte Pressekampagne hochgespielt worden. Mit erhobenem Zeigefinger hat man strafend die Hundehalter ermahnt, die Häufchen ihrer Hunde selbst zu beseitigen. Ganz stolz war man auf den Einfall, daß man in dieser Frage das Verursacherprinzip anwenden müßte, was bedeutet: Wer irgend etwas Schlimmes in den Straßen verursacht, muß dieses dann auch beseitigen. Auf die Hunde angewendet heißt das, wenn die Hunde ihre Hinterlassenschaften auf den Straßen, Gehwegen und Plätzen abgelegt haben, dann sind die Hundehalter verpflichtet, diese selbst zu beseitigen.

Dieses Verursacherprinzip nun gerade auf die armen Vierbeiner anzuwenden, ist doch schon reichlich übertrieben. Es müßte genügen, daß die Hundehalter ihre Hunde veranlassen, ihre Geschäfte am Straßenrand zu machen, höchstens etwa 50 cm vom Bordstein entfernt. Diese Bestimmung gilt nach dem neuen Hundegesetz nicht mehr. Man hat sich endgültig auf das Verursacherpinzip festgelegt, also der Hundehalter ist auf jeden Fall verpflichtet, die Hinterlassenschaft seines Hundes zu beseitigen.

Dies ist schlecht durchdacht worden, denn wenn man sich das praktisch vorstellt, wird man erkennen, daß dies nicht durchführbar ist; es gibt ja so viele alte Menschen, die einen Hund als einzigen Lebensgefährten haben und die infolge von Gelenkbeschwerden und zum Teil am Krückstock laufend sich gar nicht mehr bücken können und körperlich nicht mehr in der Lage sind, diese Hundehäufchen mit der Schippe aufzulesen und dann in einen Beutel zu tun. Selbst wenn sie das dann getan haben, sind sie auch wieder hilflos, wenn sie nun noch einen Einkauf tätigen wollen, wohin mit dem Beutel? Sollen sie straßauf, straßab gehen? Sie wissen nicht, wohin damit. Sicherlich werden viele aus Not dann auf die Idee kommen, das wegzuwerfen, wenn sie sich nicht beobachtet fühlen, in Hausflure oder in die üblichen Papierkörbe, wo das nicht hineingeworfen werden darf. Es könnte auch boshafte Menschen geben, vielleicht Jugendliche, die werfen das dann in die Briefkästen. So kann es zu einem Chaos kommen. Gerade auch Kinder führen oft den Hund aus und sind gar nicht in der Lage, das so ordentlich auszuführen, wie die Polizei das erwartet. Also dieses Verursacherprinzip ist sicherlich schuld daran, daß das ganze Problem nicht richtig in den Griff zu bekommen ist.

Eine weitere Schwierigkeit, die mit der Selbstbeseitigung des Hundekots zusammenhängt, besteht ja darin, daß die Gemeinden irgendwo Behälter anbringen müßten, in die die Kotbeutel hineingetan werden können. Einige Vorschläge wurden gemacht, daß z. B. alle 300 m dann solch ein Spezialbehälter angebracht werden müßte, wo nur diese Hundekotbeutel hineingetan werden sollen. Das ist ein riesiger Aufwand für eine Großstadt und wenn man bedenkt, daß diese Behälter auch wieder durch größere Motorfahrzeuge entleert werden müssen, was sicherlich nicht täglich geschehen wird, dann muß man wohl mit Geruchsbelästigung rechnen; denn die Tüten werden wahrscheinlich häufig gar nicht exakt verschlossen, oder sie sind durch unsachgemäße Behandlung durchlöchert, so daß tatsächlich Geruch entweichen kann.

Ein weiterer Nachteil ist ja die finanzielle Belastung durch den Kauf solcher Beutel, und alle Vorschläge in dieser Richtung haben zur Folge, daß der Hundehalter erhebliche Geldmittel aufwenden muß, wenn er seinen Hund drei- oder viermal am Tage ausführen und der Hund sein Geschäftchen machen muß. All das, was da vorgeschlagen worden ist, ist ungenügend, und die Polizei hat keine Möglichkeit, festzustellen, wer gegen diese Verordnung verstößt – Gott sei Dank, kann man sagen, ist man daher in letzter Zeit etwas toleranter geworden.

Hundekotbeseitigung – Ein Vorschlag zur Lösung des Problems

Das Problem der Hundekotbeseitigung ist jetzt gelöst. Das heißt, wenn die Gemeinden jetzt wirklich gewillt sind, sich ernstlich meines folgenden Vorschlages anzunehmen und einmal die Dinge direkt in die nähere Untersuchung zu nehmen. Sie müßten natürlich flächenmäßige Berechnungen anstellen und die vorgeschlagene Methode in einem oder zwei Bezirken, wenn ich von Berlin spreche, ausprobieren. Diese Methode nenne ich die „TANDEM-LKW-METHODE".

Ein Tandem, also ein Fahrrad mit zwei Fahrern soll täglich – später genügt vielleicht alle zwei Tage – die Straßen abfahren, wobei der hintere Fahrer die Aufgabe hat, mit einem längeren Greifgerät die aufgefundenen Hundehäufchen aufzunehmen und in den vor ihm an der Querstange des Tandems aufgehängten Beutel fallenzulassen. Der vordere Fahrer hat während dieser Aktion die Aufgabe, das Tandem im Gleichgewicht zu halten.

Mit dieser Methode ist eigentlich das Ei des Kolumbus gefunden worden. Das Tandem ist unauffällig, auf leisen Gummirädern kann es sich fortbewegen. Es kann überall die Straßen abfahren, es kann auch feste Wiesen und Parkgelände abfahren. Es macht kein Motorengeräusch, ist daher im Hinblick auf Lärmbelästigung umweltfreundlich, es verunreinigt die Luft nicht mit Abgasen. Es fährt in einem durchschnittlichen Tempo von 5 bis 6 Stundenkilometer, so daß Fußgänger sich nicht bedrängt fühlen und sich nicht erschrecken, wenn so etwas vorbeifährt. Also das sind Vorteile, die bisher keine andere Methode aufweisen konnte.

Wenn der Beutel an dem Tandem nun voll ist, dann fährt das Tandem an bestimmte Treffpunkte, wo ein kleiner LKW steht – er braucht nicht der neueste zu sein; vielleicht spenden auch Firmen ältere Fahrzeuge. Dort gibt das Tandem die vollen Beutel ab und erhält leere Beutel zurück, und dann fährt das Tandem seinen vorausgeplanten Weg weiter ab.

Es ist erstaunlich, daß diese Möglichkeit noch nicht in Betracht gezogen worden ist, daß man immer wieder mit komplizierten, motorbetriebenen Apparaten liebäugelt, und, wie gesagt, daß man dem Hundehalter vor allem die Bürde und die Last auferlegen will, die Hinterlassenschaft seines Hundes selbst zu beseitigen. Ich habe oben schon eingehend dargelegt, daß das Verursacherprinzip im Verhältnis von Hund und Mensch unmenschlich ist. Es kommt auch in Konflikt mit der Gleichbehandlung aller Menschen vor dem Gesetz, indem – wie es auch schon dargelegt worden ist – es ja eine größere Gruppe von Hundehaltern gibt, die aus Gesundheitsgründen nicht mehr in der Lage sind, sich zu bücken und die Hundehäufchen aufzunehmen.

Wenn die Tandem-LKW-Methode wirklich einmal in Angriff genommen wird, wird man feststellen, wie leicht dieses Problem der Hundekotbeseitigung zu bewältigen ist. Die Frage der Unkosten ist dahingehend zu beantworten, daß sie sicher billiger ist, als diejenigen Methoden, die komplizierte motorbetriebene Geräte anwenden. Wenn man bereit ist, den Hundehaltern die Kosten für Beutel und Schippchen für die Kotbeseitigung aufzuerlegen, dann werden die Hundehalter auch bereit sein, einen kleinen Beitrag von vielleicht 4 DM monatlich zu leisten für die Kotbeseitigung. Das ist dann noch billiger für sie als alles andere, was man von ihnen sonst verlangt. Auch die Gemeinden werden für diese Methode weniger finanziell belastet werden, als wenn sie nun verpflichtet wären, alle 300 m Behälter in den Straßen anzubringen – wie vorgeschlagen wurde –, wo die Hundehalter ihre Tütchen hineinwerfen sollen. Das erfordert dann auch wieder Transportmittel, wenn die Behälter voll sind, um diese zu entleeren. Also da würden die Gemeinden erheblich belastet werden. Die Tandems sind eine langlebige Anschaffung bei vernünftigem Gebrauch.

Ich hoffe, daß diese Methode, die hiermit veröffentlicht ist, nun wirklich einmal angewendet wird, damit Erfahrungen gesammelt werden können.

Ich habe viele Methoden, die in den Zeitungen beschrieben worden sind, verglichen, aber alle haben Nachteile im Hinblick auf Lärmbelästigung, Umweltbelastung durch Abgase von Motoren usw. All dies wird durch die Tandemmethode vermieden.

Die Erfahrungen werden sicherlich darauf hinauslaufen, daß die Tandemteams die Gegenden, die sie abfahren, mit der Zeit gut kennenlernen und bald wissen, wo meistens Häufchen vorzufinden sind, so daß im weiteren Verlauf der Anwendung dieser Methode keine besondere Mühe aufgewendet werden muß. Es ist anzunehmen, daß nach den ersten wenigen Wochen, in denen die Teams sich vertraut machen müssen mit den Örtlichkeiten, die Dinge verhältnismäßig schnell und reibungslos erledigt werden können.

Es ist mit Sicherheit zu erwarten, daß das große Ärgernis bei den Menschen, die keine Hunde haben, nämlich die Verschmutzung der Straßen durch Hundekot durch diese stille und gut funktionierende Methode ein für allemal beseitigt werden kann.

Die Forderung lautet also:
1. Aufhebung des Verursacherprinzips
2. Aufhebung des überhöhten Bußgeldkatalogs, wenn Hunde ertappt werden bei Erledigung ihrer Geschäfte, ohne daß die Hundeführer diese Produkte sofort selbst beseitigen.
3. Anwendung der beschriebenen „Tandem-LKW-Methode" durch die Gemeinden.

Mit Sicherheit wird dann das Ärgernis der Hundekotverschmutzung der Straßen ein endgültiges Ende gefunden haben.

Zur Verdeutlichung dieser Forderungen wird hier eine lustige Skizze gezeigt, so daß man sich die Art der Anwendung des Tandems gut vorstellen kann.

3   Die „Tandem-LKW-Methode".

Die Entstehungsgeschichte des Hovawarts

Die Entstehungsgeschichte des Hovawarts soll unter dem Motto abgehandelt werden „Ordnung schaffen". Viele Züchter und Vertreter anderer Hunderassen tappen heute noch im Dunkeln, wie ihre Rassen entstanden sind, welche anderen Rassen eingekreuzt wurden, um zu dem letztendlich heutigen Ergebnis ihrer Rassen zu kommen. Beim Hovawart ist es genauso.

Curt F. König (aus Treseburg im Harz), der sich als Herauszüchter der Hovawartrasse fühlte und das auch in Wort und Schrift immer wieder betonte, hat weitgehend im Dunkeln gelassen und verschwiegen, welche Rassen er benutzt hat, um den heutigen Hovawart herauszuzüchten. Die Frage, ob nun Curt F. König der wirkliche Herauszüchter des Hovawarts ist, ist immer wieder in Zweifel gezogen worden, zum Teil auch aus Mitgliederkreisen des heutigen Rassezuchtvereins für Hovawarthunde. Man muß aber anerkennen, daß die Idee und die Konzeption, den Hovawart herauszuzüchten, wohl doch von Curt F. König ausgegangen ist.

Ich habe hier zur Verfügung einen umfangreichen Schriftwechsel zwischen Curt F. König und dem ersten Berliner Hovawartzüchter Erich Krüger aus den Jahren 1935 bis in die Zeit nach dem letzten Kriege. Die Witwe von Erich Krüger hat mir diesen kynologischen Nachlaß ihres Mannes eines Tages gebracht.

Man sieht aus den Vereinsblättern, daß König schon seit 1918 die erste private zootechnische Station gegründet hat, in Treseburg im Harz. König war damals 22 Jahre alt, er ist 1896 geboren. Er war damals also ein sehr junger Mann, und da erhebt sich natürlich die Frage, ob er in diesem Alter schon diese Konzeption und diese zielbewußte Rassehundidee gehabt haben kann.

Aus dem Schriftwechsel geht hervor, daß König schon im Elternhaus, ja, daß sein Vater sich schon mit der Frage der Herauszüchtung des – wie sie das nannten – alten Germanenhundes oder des Altkulturhundes, der Frühform der Hofhunde, beschäftigt hat. In Schriftwechseln und auch in

4 Sm-Rüde „Castor-Mayer-Busch", 230/32.

Publikationen in illustrierten Zeitschriften behauptete König, daß schon seit Jahrzehnten auf wissenschaftlicher Basis durch die Bemühungen seines Vaters und durch seine eigenen diese Konzeption erarbeitet worden sei. Man muß wohl auch sagen, daß dies sicherlich stimmt.

Denn im Jahre 1922, als der erste Verein für Hovawarthunde gegründet wurde, in Thale im Harz, waren ja schon Hunde vorhanden, die in etwa der Vorstellung Königs als Rückzüchtung des mittelalterlichen oder gar des alten Germanenhundes gelten konnten und mit denen weitergezüchtet wurde.

Wenn man sich ein Bild über die kynologische Zuverlässigkeit von Curt F. König machen will, dann stößt man bald auf Dinge in diesem Schriftwechsel, daß man sagen kann, ein wissenschaftlich ernsthaft arbeitender Kynologe war er nicht. Einem Wissenschaftler geht es in erster Linie um die Wahrheit, und bei König ist es, wie dies aus dem Briefwechsel hervorgeht, gerade umgekehrt: Er versucht immer wieder bei seiner Zucht und seinen Einkreuzungen, die Wahrheit nicht zu sagen, die Wahrheit zu verschweigen.

Ein Wissenschaftler, selbst wenn er erst einmal von einer Hypothese ausgeht, wie König das ja tut bei seiner Idee von der Rückzüchtung von hovawartähnlichen Landschlägen oder einzelnen Hovawarttyp-Hunden, die er im Harz und im Schwarzwald gefunden haben will, muß dann seine Hypothese offen klarlegen und durch Fakten belegen. Das hat König in keiner Weise getan. Ein Wissenschaftler, der eine Hypothese beweisen will, trägt dann seine Unterlagen zusammen, würde auch die Kreuzungen, die er vorgenommen hat, genau erklären und veröffentlichen. Er würde auch Mißerfolge offenlegen und würde dann letzten Endes das Für und Wider genau abwägen und veröffentlichen, um seine Hypothese zu belegen.

König hat die Fakten seiner Hypothese weitgehend im Dunkeln gelassen, so daß man ihn bestenfalls als Pseudowissenschaftler bezeichnen kann, der seine Einkreuzungen heimlich gemacht und größten Wert darauf gelegt hat, daß ihm keiner genau in die Karten gucken konnte. Aus dem Briefwechsel geht das immer wieder hervor.

König hat, je nachdem, wer sein Gesprächspartner war, immer wieder wetterwendisch die Behauptungen über das Wesen der Hovawarthunde geändert. Aus einem Brief geht hervor daß, als der NS-Bauernführer und der NS-Reichsminister Darree auf einer Hundeausstellung erwartet wurden, König seinem Berliner Vertreter Erich Krüger genaue Anweisungen gegeben hat, wie man Herrn Darree die Hovawartzucht erklären müßte. Er hat ihm Anweisungen gegeben, den Hovawart als Bauernhund herauszustellen, der wildfromm ist, der sich auch nicht von seinem Gehöft entfernt. Er hat ihm auch den Tip gegeben, wie man das „wildfromme Wesen" erzielen kann: Man hat Kaninchen und Igel zusammen in Kisten gesetzt und hat die Hunde da herangeführt, solange, bis die Hunde sich dann nicht mehr aggressiv gegen die Tiere benahmen.

Wie König sein Mäntelchen nach dem Winde hängt, zeigt sich auch darin, daß König, da er inzwischen Kontakte mit der SS bekommen hatte, Krüger den Hinweis gegeben hat, den Hovawart als geeigneten Kriegshund zu empfehlen, als man den SS-Führer Himmler auf einer Ausstellung erwartete.

König war auch in der Wilhelmstraße, also wohl in der Reichskanzlei, empfangen worden. In einem Brief ermahnte er Krüger, diesen Besuch unbedingt geheimzuhalten.

5 C. F. König mit
„Castor-Mayer-Busch".
„Grüne Post", 1937.

König nahm an, daß die NS-Regierung sehr daran interessiert sei, eine ausgesprochene Kriegshundrasse zur Verfügung zu bekommen für ihre Zwecke. Man kann aus diesem Schriftwechsel entnehmen, daß es Curt F. König darauf ankam, mengenmäßig die Hovawarthunde zu vermehren, so daß sie als Bauernhunde einen großen Absatz bei den Bauern finden könnten oder als Kriegshunde vielleicht bei der Wehrmacht.

Diese Art des Denkens und Handelns beweist das, was Otto Schramm, der 1948 den Rassezuchtverein für Hovawarthunde e. V., Rechtssitz Coburg, gegründet und in den VDH überführt hatte und der König aus den letzten Kriegsjahren kannte, über diesen sagte. König war

6 Curt F. König 6/F 28

in die Gegend von Coburg ausgelagert worden und führte dort seine Zucht weiter. Schramm bezeichnete König offen und hart schlichtweg als reinen Geschäftemacher.

König hatte in dem 1922 gegründeten Hovawartverein in Tahle immer wieder auch Konflikte mit den ersten Mitgliedern bekommen. Diese Mitglieder waren von der These, daß hier eine erfolgreiche Rückzüchtung auf den alten Germanen- und Altkulturhund im Gange sei, so fasziniert, daß sie diese These selbst übernahmen. Die ersten Züchter führten ihre eigene Zucht in diesem Sinne durch.

Vor allen Dingen muß man da Alwin Busch aus Biederitz bei Magdeburg nennen, der ursprünglich vom Deutschen Schäferhund herkam. Auch J. A. Becker aus Hessen war von dem Gedanken des Germanenhundes ergriffen und hat sich mit seiner Zucht in diesem Sinne beteiligt. Alwin Busch hatte besonderen Erfolg, indem er einen Deutschen Schäferhund mit einem Neufundländer kreuzte und einen schönen schwarzmarkenfarbigen Hund mit kräftigem Gebäude erzielte. König, der sich das Recht vorbehielt, zu entscheiden, was bei den geworfenen Hunden anderer Züchter ein Hovawart sei, akzeptierte diesen Hund, und erklärte ihn als den erfolgreich rückgezüchteten Hovawart. Es ist der Rüde Castor-Mayer-Busch, der dann später in vielen Hovawartzüchtungen

65

7 Alwin Busch

eingesetzt wurde, so daß daraus eine breitere Basis von guten schwarzmarkenfarbigen Hovawarten entstanden war.

Der zunächst herzliche Ton in den Briefen zwischen König und den
ersten Mitzüchtern wurde im Laufe der Jahre immer böser. Alwin Busch
nennt König schließlich „einen Hochstapler, der mit seinem Geschwätz
die Menschen nur verdummen wollte." Die kleinen Rest-Hovawart-Ver-
eine, die König immer noch als ihr ‚Paradepferd' vorstellen, sind um ihn
nicht zu beneiden.

Man muß König wohl zugestehen, daß er selbst von seiner These
überzeugt war, daß er herausgefunden habe, daß die hängeohrigen, langhaarigen Landschläge mit buschiger Rute noch Reste des mittelalterlichen oder Germanenhundes seien, mit denen man Rückzüchtungen

66

durchführen könne, bis das Ziel, das ihm vorschwebte, erreicht sein würde.

König war so überzeugt von seiner Theorie der Rückzüchtung auf den Germanen- und Urhund, daß er diese Theorie auch den Universitäten Berlin, München und Breslau bekanntgab – das waren die für naturwissenschaftlichen Fakultäten maßgeblichen Universitäten –, in der Hoffnung, er würde hier nun eine begeisterte Bestätigung finden. Weil das aber doch nicht wissenschaftlich fundiert war, begnügte man sich mit wohlwollenden, freundlichen Danksagungen für seine Bemühungen.

Welche verschiedenen Rassen König für seine sogenannten Rückzüchtungen verwendet hat, hat er nie deutlich veröffentlicht. Durch die Mitzüchter Alwin Busch, Geiser, J. A. Becker und andere erfuhr man, daß man unter Verwendung alter Landschläge den Deutschen Schäferhund, den Kuvasz, den Leonberger, den Neufundländer eingekreuzt hatte. Bei diesen Kenntnissen blieb es eigentlich recht lange in der Hovawartzucht.

Wer aber den Hovawart nach dem letzten Krieg beobachtet hatte, konnte feststellen, daß da noch eine Reihe anderer Rassen eingekreuzt worden waren. Der blonde Hovawart ist z. B. nicht anders zu erklären, als daß eben andere blonde Rassen eingekreuzt wurden. Das Gutachten, das der Reichsverband für das deutsche Hundewesen auf Königs Antrag zur Anerkennung der Rasse geschrieben hatte, kam zu dem Schluß, daß außer dem Neufundländer und dem deutschen Schäferhund auch rotblonde Setter verwendet worden seien.

Zu dem, was König eventuell alles eingekreuzt hat, kann ich ein kleines persönliches Erlebnis beitragen. Ich war Anfang der fünfziger Jahre in Titisee im Schwarzwald in Urlaub und sah aus meinem Pensionsfenster auf einem Fußballplatz einen Mann mit seinem Rottweiler Unterordnungsübungen machen. Ich ging schnell hinunter, da ich mich für die Ausbildung meines Hovawarts interessierte und kam mit diesem Hundesportler ins Gespräch. Als ich ihm erklärte, daß ich meinen Hovawart ebenfalls ausbilden würde, sagte er freudig: „Ach, den Hovawart hat ja Curt F. König herausgezüchtet. König ist ein guter Freund von mir, und ich fahre zweimal im Jahr zu König, um dort meinen Urlaub zu verbringen. König erzählte mir einmal, daß er aus dem ersten Weltkrieg zwei sibirische Wölfe mitgebracht hätte und diese auch bei seinen Rückkreuzungsversuchen mit dem Hovawart eingekreuzt hätte."

Wer die Hovawarte nach dem 2. Weltkrieg beobachten konnte, konnte dies durchaus für wahrscheinlich halten. Es gab immer wieder Hovawarte, die die ausgesprochene Scheuheit eines Wildtieres zeigten. Die Käufer dieser Hunde wandten sich dann enttäuscht an den Verein und versuchten, Ratschläge zu bekommen, wie man diesen Hunden die Scheuheit abgewöhnen könnte.

Wahrscheinlich hatte König in seinen jungen Jahren noch nicht genügend Kenntnisse und hoffte, bei Hunden damit Schärfe und Härte einzuzüchten. Als ihm dann klar wurde, daß dies ein Irrtum war, gab er Erich Krüger die Anweisung, scheue Welpen in seinen Würfen unbedingt abzutöten. Er wies ihn auch eindringlich in einigen Briefen darauf hin, daß er Welpen mit graublauem Fell abtöten müßte. Diese Farbenschläge können ebenfalls auf Wolfseinkreuzungen hinweisen; einen Beweis kann man dafür aber nicht erbringen.

Die zu klärende Frage, ob Curt F. König der Herauszüchter des Hovawarts war, ist also zu bejahen: Er hat die Idee eingebracht; er hat nach dieser Idee seine Hovawartzucht betrieben; er hat sich gegenüber den Mitzüchtern das Recht vorbehalten, zu entscheiden, welche Welpen aus ihren Würfen als Hovawarte akzeptiert werden könnten. Er hat auch verlangt, daß die ersten Hovawartzüchter von ihren Würfen ihm einen Welpen kostenlos überließen, die er dann für sich verkaufte. Dies hat mir J. A. Becker berichtet, und es geht auch aus dem Schriftwechsel mit Erich Krüger hervor, den ich original in Besitz habe. Wegen dieser profitsüchtigen Allüren wurde er schon aus dem ersten Hovawartverein in Thale ausgeschlossen, aber später wieder aufgenommen.

Schließlich hat er seine Beziehungen zum NS-Regime ausgespielt, so daß der Hovawart auf der „Grünen Woche 1937" als Rasse anerkannt wurde. Seitdem vertrat er als Reichsobmann der Hovawartfachschaft in der Reichsfachschaft für das deutsche Hundewesen die Rasse auch als Hauptzuchtwart.

Trotzdem muß man die ersten Mitzüchter, wie Alwin Busch, Geiser, J. A. Becker und andere gleichwertig als Herauszüchter des Hovawarts anerkennen. Diese hatten sich exakter als König, der ein ewiger Experimentierer war, der Herausarbeitung des Hovawarttyps aus den vorhandenen Zuchtbeständen gewidmet, unter Verzicht auf weitere Einkreuzungen. Es ist bezeichnend, daß sich diese ersten Züchter alle für sich als Herauszüchter des Hovawarts betrachteten.

10.4.37

Lieber Herr KRÜGER !

Ganz besonders liebe Frau KRÜGER !

Bitte nicht böse sein! Wir hatten gerade die Sache in
Hamburg.Ausstellung mit grössten ERFOLG !
Der Hovawart-Zucht :::
  = Gauwalter Hamburg ist jetzt Dr. Albert WILMS   Hamburg
                                         Gorch Fockstrasse 6.

  = Gauzuchtwart Hamburg ist Herr   Fritz P Ö L Z .

                              Maschen Post jetzt HORST
                              Harburg Wilhelmsburg Land 7.

    Empfehle, den beiden Herren zu ihrer Ernennung   zu
beglückwünschen und sich dabei bekannt zu machen.
Glückwunsch auch den beiden zu ihrem Erfolg mit ihren Hunde
<Spitzenbewertung!> auf der Internationalen Rassehundeausstellung
Altona.

Stempel kommt nicht nur, sondern Bogen mit Klischee !

Eben kommt Nachricht von der Voranmeldung Berlin!
Also kein Wort mehr nötig wahrscheinlich! Alles andere mündlich!
Castor kommt mit !

Also wirklich !!! Besten Dank !

Ich komme mit dem Abendzug.Habe Herrn von GAUDECKER persönlich
eingeladen <unoffiziell!> Bitte ihn ebenfalls fernmündlich
anzusprechen und zu unterrichten.Wenn uns nicht Stillschweigen
auferlegt wird,wollen wir doch den Fall zur Propaganda verwen=
den.Vorläufig aber muss er versprechen "privat" als unser
Bekannter zu erscheinen! Ebenfalls habe Herrn BODE gebeten.
Er als feiner Bildreporter(aus Privatneigung)kann unauffällig
Aufnahmen machen! Bitte ihn ebenfalls fernmündlich zu unter=
richten.Er könnte uns in Frohnau mit dem Wagen abholen und
hinfahren , wenn er will! Soll seine Leica bereit halten mit
gewöhnlichem und Farbenfilm !

        Das ist einstweilen alles !

Hündin   Heil HITLER !
Kagelmann
schwarzmarken
kann erscheinen!   Ihr   Ro <heisst "Rohling!>

Beilage: Doppel der Antwort an Kreisjägermeixter Sach

    Vorsicht, dass nicht ein Herr Tierarzt GONNERATH sich als
    Gabriels Vertreter meldet! Gabriel Vater, Sohn oder Gattin gern!

8   Schreiben vom 10. 4. 1937 an E. Krüger

Ich kam Ende der fünfziger Jahre mit einem Patienten, Professor Koeniger von der Technischen Universität Berlin, bei einer längeren Behandlung in ein Hundegespräch. „Was", sagte er, „einen Hovawart haben Sie? Ich habe ja den Hovawart herausgezüchtet!" Tatsächlich ist er im Hovawartzuchtbuch mit zwei Würfen der ersten Ausstattung vertreten. Als ich ihn fragte, wie denn die märchenhaften Beiwerke, wie Dürerhund usw., entstanden seien, meinte er: „Ach, das haben wir in unserem Verein in Thale am Harz alle gemeinsam gemacht!" Er war damals junger Bergassessor in Thale. Auch Professor Koeniger gab von König wegen seines rücksichtslosen und egozentrischen Auftretens eine negative Charakterbeschreibung ab.

Man konnte nach dem letzten Krieg auch öfter Hovawarte mit windhundartigem Gebäude und entsprechender Kopfform antreffen. In einem Brief wird von der Einkreuzung eines Salukis gesprochen; sicherlich ist beim Hovawart auch eine Windhundeinkreuzung vorgenommen worden.

Otto Schramm hatte bei König bald bemerkt, daß dieser alle möglichen Kreuzungen vornahm und immer wieder verschiedene Behauptungen aufstellte über die Zusammensetzung der Hovawartrasse. Schramm wurde dann bald sehr mißtrauisch gegen König. Nach dem Kriege waren die in den zwanziger und dreißiger Jahren entstandenen Hovawartvereine mit geringen Hovawartbeständen wieder aufgetaucht.

König war in den ersten Jahren nach dem Kriege verschwunden, keiner wußte, wo er war; später stellte sich heraus, daß er in Österreich Unterschlupf gefunden hatte, weil er befürchtet hatte, daß er wegen seiner engen Beziehungen zu Naziführern und zur SS zur Verantwortung gezogen werden könnte und Nachteile erwarten müßte.

Als der VDH, der Verband für das deutsche Hundewesen, im Jahre 1948 gegründet wurde und den Aufruf erließ, daß sich die früheren Rassehundvereine zwecks Aufnahme in den VDH melden sollten, hatte sich Schramm mit seinem Rassezuchtverein für Hovawarthunde e. V., Rechtssitz Coburg, beim VDH gemeldet und wurde für den Hovawart in den VDH aufgenommen. Es war dies eine große Tat für den Hovawart, weil nun der Hovawart endgültig in die anerkannte Kynologie und die allein maßgebende kynologische Organisation, den VDH und die übergeordnete internationale Organisation, den FCI, die Fédération Cynologique Internationale, eingegliedert worden war.

"HOVAWART"
Zucht auf Leistung

Verein für deutsche Schutzhunde » E. V. « Sitz Thale-Harz

Erste Dienstgebrauchshunde-Zucht auf wissenschaftlicher Grundlage

Zuchtziel: Eine ausgesprochene Polizei- und Schutzhundrasse nach Intelligenz, Mut, Kraft, Feinnasigkeit, Ausdauer, Gewandtheit und Widerstandsfähigkeit aus dem Altkulturhund-Stamme der Hofhunde

Der Verein führt das **erste** und **allein maßgebende Zuchtbuch** und die **Stammrolle** für deutsche Schutzhunde

Veranlagungsprüfungen.— Körung.— Diensthund-Leistungsprüfungen

I. Vorsitzender und Landeszuchtwart Dir. C. König

Besteht unter Genehmigung des "Reichsverband für das deutsche Hundewesen"‹RDH

ABTEILUNG: Zuchtüberwachung/Hauptzuchtamt.   den 1o.9.1936.

Treseburg im Harz.

Herrn Oberlehrer E. KRÜGER.   Berlin Frohnau . Hohenheimerstrasse 15.

Betr:Antrag auf Zwingerschutz !

Auf Grund der erbrachten Unterlagen:

1.Nachweis erfolgreicher Aufzucht in mehreren Fällen und
2.Besitz und Zuchtverwendung einer angekörten Hündin und
3.Einstellung einer weiteren eingetragenen Hündin gleicher Rasse,

sowie 4. erlangter Mitgliedschaft,

wird Ihnen hiermit,unter der Bedingung, dass sämtliche Hunde in dem vorgeschriebenen Zuchtbuch eingetragen werden,

Z W I N G E R = S c h u t z und Genehmigung

erteilt.Ihre Hunde führen,hinter dem Rufnamen,in Klammern,"Krüger" und die Ihnen noch zugehende Mitgliedsnummer.

Heil HITLER !   Treseburg im Harz am 1o.9.1936.

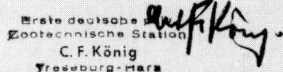

Erste deutsche
Zootechnische Station
C. F. König
Treseburg-Harz

9 Schreiben vom 10. 9. 1936 von C. F. König an E. Krüger.

Schramm war sehr darauf bedacht, daß nun geordnete kynologische Verhältnisse im Hovawartwesen eintreten und bewahrt werden sollten. Er hatte sich dann für 10 Jahre satzungsgemäß sicherstellen lassen, daß der Coburger Verein die Führung im Hovawartwesen behalten müßte, auch wenn sich andere Hovawartvereine ihm anschließen wollten, um auch im VDH vertreten sein zu können.

Das war durchaus richtig; es kamen dann auch die anderen Vereine, die aus dem Krieg übriggeblieben waren, und es wurden Zusammenschließungsverhandlungen geführt. Diese scheiterten aber immer daran, daß diese Vereine selbständig ein Zuchtbuch führen wollten, indem sie behaupteten, sie hätten das Originalzuchtbuch. Schramm konnte mit Recht dies anzweifeln, da er in Coburg in den letzten Kriegsjahren beobachtet hatte, daß König gar kein richtiges Zuchtbuch geführt hatte. Schramm berichtete immer, daß König einfach die ganzen Wurfmeldungen in einem Waschkorb wahllos durcheinandergewürfelt habe.

Schramm bezweifelte mit Recht, daß ein Originalzuchtbuch bestand und trug von einer bestimmten Zuchtbuchnummer an jetzt selbst zuchtbuchmäßig die anfallenden Würfe in sein Zuchtbuch fortlaufend ein. Er ließ die ersten Nummern frei für spätere Beiträge und Nachweise von den ersten Würfen. Der langjährige Zuchtbuchführer des RZV Heinz Radam hat dann in emsiger Fleißarbeit die Zuchtbuchnummern geordnet und nahm Verbindung auf mit den in Ostdeutschland tätigen Hovawartbesitzern, die Hovawartzuchtbuchunterlagen führten, und konnte dann nach jahrelangen Bemühungen einen großen Erfolg vorweisen, indem er die Zuchtbuchnummern in richtiger Folge aufzeichnen konnte.

Als ich 1958 der 1. Vorsitzende des RZV-Coburg wurde und dauernd auch konfrontiert wurde mit dem Hovawartverein „Weser-Ems" aus der König-Zeit vor dem Kriege, der im Untertitel immer behauptete, „Originalzuchtbuchführender Hovawartverein" zu sein, wollte ich hier Klarheit haben. Auch im Titel des Vereinsblattes, das König in Thale herausgegeben hatte und das auch hier abgebildet ist, stand die Behauptung von König: „ältestes Hovawartzuchtbuch". Da man dies anzweifeln mußte, war der RZV bestrebt, hier endgültig Klarheit zu schaffen. Wo ist nun eigentlich das Originalzuchtbuch?

Es blieb zur Klärung dieser Frage nichts weiter übrig, als einen Prozeß zu führen gegen diesen Verein. Im Jahre 1964 fällte das Oberlandesgericht Hamburg dann das Urteil, daß König und der betreffende Verein nicht das Originalzuchtbuch des Hovawarts führten.

Bei dieser Verhandlung war König geladen, und so traf ich mit ihm zusammen. Er wurde vom Gericht aufgefordert, sein Zuchtbuch zu zeigen, aber er hatte nur einen Aktenordner mit Wurfmeldungen. Er zeigte diesen dem Richter auf dessen Bitte hin nicht. Er wollte auch hier keinen genauen Einblick geben in seine Wurfmeldungen und Einkreuzungen.

Es ist jedenfalls dann festgestellt worden, daß König kein Zuchtbuch geführt hat und daß der Verein auch nicht behaupten könnte, das Originalzuchtbuch des Hovawarts zu führen. So war das von Schramm angelegte Zuchtbuch, in das fortlaufend jetzt alle Würfe korrekt eingetragen waren, das maßgebende und einzige Zuchtbuch des Hovawarts. Die Zucht des Hovawarts war nun endgültig in geordnete Bahnen gekommen und ein wichtiger Schritt in der Entstehungsgeschichte des Hovawarts erreicht.

Ich selbst bin mit C. F. König dreimal persönlich zusammengetroffen. Um das „Ausspielen" der Person Königs, den einzelne kleine Hovawartvereine aus der Zeit vor dem 2. Weltkrieg als ihr „Paradepferd" herausstellten, ein für allemal zu beenden, wollte ich König in den RZV-Coburg aufnehmen. Ich hatte dazu sogar die Zustimmung von Otto Schramm erlangt. Auf der Internationalen CACIB-Ausstellung in Hannover machte ich König diesen Vorschlag. Ich wollte ihm den Zwingernamen „Von der Königsburg" geben. König lehnte ab, weil die Coburger ihm den Hovawart „ja aus den Händen gewrungen hätten". Ich sagte ihm „. . . und das mit Recht, denn unter Ihrer Regie würde der Hovawart nach Ihrem Tod genauso als Rasse verschwinden wie Ihre ,Heimwart' und ,Kobold'-Züchtungen." Er meinte: „ich werde schon dafür sorgen, daß alles weiter geht." Nichts dergleichen hat er veranlaßt. Er scheute die Kontrolle der anerkannten Kynologie.

Eine weitere Frage, die für den Hovawart auf dem Programm stand, war die Anerkennung des Hovawarts als 7. deutsche Dienstgebrauchshundrasse. König hatte als Zuchtziel von Anfang an gefordert, „eine ausgesprochene Polizei- und Schutzhundrasse" zu züchten, wie aus der Abbildung des Vereinsblattes des „Verein für deutsche Schutzhunde e. V., Sitz Thale – Harz", hervorgeht.

Alle Züchter der ersten Jahre unterstützten diese Zielsetzung, und viele, wie besonders Alwin Busch und J. A. Becker, bildeten ihre Hovawarte aus, und diese legten Schutzhundprüfungen ab. Viel Propaganda machte Alwin Busch, mit acht Hovawarten seiner Zucht, die als Diensthunde zur Bewachung des Flugplatzes Magdeburg eingesetzt worden waren. Auch die hier gezeigte Fotokopie beweist, daß König den Hovawart als eine ausgesprochene Dienstgebrauchshundrasse herausstellen wollte.

Nachdem ich 1958 zum 1. Vorsitzenden des Rassezuchtvereins für Hovawarthunde e. V., Rechtssitz Coburg, gewählt worden war, forderten mich Otto Schramm und J. A. Becker, der sich mit seiner 1927 gegründeten „Hovawart-Landesgruppe Hessen" 1954 dem Coburger Verein angeschlossen hatte, auf, nun endgültig die Anerkennung des Hovawarts als 7. deutsche Dienstgebrauchshundrasse zu betreiben. Bekker glaubte, daß dies nur eine Frage eines offiziellen Antrages beim VDH wäre, und er hatte für diesen Antrag die Zustimmung des DVG, des Deutschen Verbandes für Gebrauchshundvereine.

Jedoch erwies sich diese Euphorie als ein ganz großer Irrtum. Es war wohl eine stillschweigende Übereinkunft der bisherigen sechs anerkannten Gebrauchshundrassen, daß man nun eine Art „numerus clausus" bewahren müßte, damit keine weitere Rasse in diesen exklusiven Club eindringen könnte.

Es schloß sich nun ein sechs Jahre währender Kampf um die Anerkennung des Hovawarts an. Ich kam langsam dahinter, daß vor allem der SV, der Schäferhundverband, gegen diese Anerkennung einer 7. Gebrauchshundrasse war. Der SV hatte aber in dem letztendlichen Entscheidungsgremium, der Delegiertenversammlung des VDH, fast die absolute Mehrheit, da mit der Anzahl der Mitglieder jedes Vereins abgestimmt wurde.

Der RZV für Hovawarthunde mußte in drei verschiedenen Jahren auf seiner Bundessiegerprüfung seine Sch-H-3-Hunde vor einem VDH-Beobachter und erfahrenen Leistungsrichter vorführen, bis die Qualifikation des Hovawarts als Gebrauchshundrasse vom VDH anerkannt wurde. Ein besonders großer Anteil an diesem Erfolg ist dem damaligen Übungsleiter Gustav Dehler und seinem Partner Karl-Heinz Schmidt – Landesgruppe Westfalen – wegen ihrer hartnäckigen Darlegung der Eignung des Hovawarts gegenüber allen maßgebenden kynologischen Gremien und der Ausbildung einer ausreichenden Anzahl von Sch-H-3-Hovawarten zuzuschreiben.

Nachdem der RZV auch die nach den VDH-Bestimmungen notwendige Anzahl von 100 Hovawarten mit erfolgreicher Schutzhundprüfung vorweisen konnte, wurde meinem Antrag auf Anerkennung des Hovawarts als 7. deutsche Dienstgebrauchshundrasse auf der VDH-Delegiertentagung 1964 in Kassel mit nur zwei Gegenstimmen von den Mitgliedsvereinen zugestimmt.

Dieser aufreibende Kampf um die Anerkennung des Hovawarts als 7. deutsche Dienstgebrauchshundrasse war die endgültige Erfüllung des ursprünglichen Zuchtziels, dem sich alle Mitglieder des RZV immer verpflichtet gefühlt hatten. Der Weg des Hovawarts von den legendenhaften Vorstellungen der ersten Züchter bis zu der kynologisch gefestigten und nach den allgemeingültigen Regeln einer Rassehundezucht fortgeführten Zucht der Gebrauchshundrasse Hovawart war schwierig und teilweise dramatisch.

„Nun, lieber Hovawart, wirst Du im RZV für Hovawarthunde e. V. – Coburg von erstklassigen Experten und Kynologen betreut, die Deine gute Qualität in Form und Leistung garantieren. Du brauchst nicht mehr zu befürchten, wieder im mysteriösen Nebeldunst vergangener Jahrhunderte als mehr oder weniger struppiger oder hängeohriger Vertreter von Landschlägen herumzugeistern."

In Abwandlung eines alten, nicht mehr aktuellen vaterländischen Liedes können wir fröhlich anstimmen:

> *„Lieb' Hovawart, magst ruhig sein.*
> *Treu hält zu Dir Dein Rassezuchtverein!"*

Auf den folgenden Bildern sehen Sie Hovawartexperten, die an der Entwicklung des Hovawartwesens einen maßgeblichen Anteil hatten. Von manchen von ihnen war kein Bild greifbar, vor allem leider von dem schon seit 1979 amtierendem Zuchtleiter Gisbert Langheim und dem langjährigen, inzwischen verstorbenem Zuchtbuchführer Heinz Radam nicht.

Otto Schramm
1. Vors. 1946–58

F. Bengeforth
1. Vors. 1958–1970

E. Wiehe
1. Vors. 1970–81

G. Mendel
1. Vors. 1981–88

M. Vorsatz
1. Vors. seit 1988

Diana Wolf
1. Präsidentin des RZV
seit 1996

Gustav Dehler
langjähriger
Übungsleiter

Karl-Heinz-Schmidt
langjähriger
Richterobmann

Paul Kufner
RZV-Übungsleiter
seit 1973–1985

Gerhard Klawun,
1. Präsident, 1995–96

10 Einige „Hovawart-
Experten", die das
Hovawartwesen im RZV
mitgestaltet haben.

VI   Hovawart, der liebe Familienhund

VII   Hovawarts fühlen sich im Winter wohl

Der Hovawart heute

„Die Treue eines Hundes ist ein kostbares Geschenk, das nicht minder bindende moralische Verpflichtungen auferlegt als die Freundschaft eines Menschen. Der Bund mit einem treuen Hund ist so ‚ewig', wie Bindungen zwischen Lebewesen dieser Erde überhaupt sein können."
Konrad Lorenz

Wer einen Hund hat, der hat einen Freund für immer. Wer einen Hovawart hat, der kommt nicht mehr los davon. Versuchen Sie einmal einen Hovawart fortzujagen, nur so zum Spaß, bei der Ausbildung des Hundes beim Kommando „Voraus" zum Beispiel, aber mit ernsten Worten! Das gelingt zunächst oft gar nicht, besonders nicht bei einer Hündin. Da können Sie drohend und böse auf sie zurennen oder so tun, als ob Sie sie mit Steinen werfen, sie geht nicht voraus, sie legt sich weitestens drei Meter vor Ihnen hin und guckt Sie voller Liebe und Vertrauen an. Nun, da sagen Ihnen gescheite Hundeexperten und gewitzte Ausbilder dann, der Hund hätte noch nicht richtig verknüpft, der Hund sei kriecherisch und verfolge nur seinen Vorteil, sein gesichertes Futter und sein Meutetrieb zwängen ihn zu seinem Verhalten.

Ach, das ist doch alles nur gelehrter Unsinn, kann ich Ihnen verraten. Dieses völlige Unvermögen des Hundes zu „begreifen", daß er von seinem Herrn weggejagt wird, das ist einfach ein Phänomen, das noch gar nicht geklärt ist. Die seelischen Bindungen des Hundes zum Menschen sind fester und inniger als die Bindungen eines Hundes zu einem anderen Hunde in einer Hundemeute. Der Hund hat die Fähigkeit, auf die Wesensart des Menschen intensiver und mit einem stärkeren Erlebnisgrad anzusprechen als auf die Lebensäußerungen eines einfachen Mitgliedes einer Hundemeute.

Die Bindung des Hovawarts an den Menschen und speziell an seinen Herrn ist besonders fest; man kann den Hovawart nicht von Herrn zu Herrn geben; dazu ist die völlige Selbsthingabe und Anhänglichkeit des Hovawarts zu ausgeprägt. Der Hovawart ist ein geselliges Tier, das die Nähe und den Kontakt mit den Menschen braucht. Der Hovawart ist nicht nur der Hofhund, der still und unbemerkt den Hof bewacht, um den man sich sonst nicht weiter zu kümmern braucht. Nein, er will bemerkt werden, er will ein liebes Wort haben, er braucht die Zwiesprache mit den Menschen seiner Familie, er will dazugehören und schließt sich besonders gerne einem Menschen enger an, dem er sich besonders stark zugehörig fühlt. Versagt man dem Hovawart diese für jeden guten Hundefreund selbstverständliche gute und angemessene Hundebehandlung, dann verkümmert er, bleibt unentwickelt wie ein kostbares Musikinstrument, das in irgendeiner verstaubten Ecke verdorrt, weil niemand die in ihm schlummernden, wundervollen Töne zum Klingen bringt. Wer viel haben will von seinem Hovawart, der muß auch viel geben.

Verstand mag man dem Hund absprechen, aber seelische und gefühlsmäßige Gaben hat er in hohem Maße. Auf dieser Ebene treffen sich Mensch und Hund und brauchen einander. Ist es nicht eigenartig, daß so mancher als bissig bekannte Hund bei manchen Menschen ganz zahm ist? Ist es nicht die seelische Gemeinsamkeit eines ursprünglichen, alles Lebende liebenden Menschen, die hier eine Rolle spielt? Wer hier ganz aufgeschlossen seinen Hund liebt und respektiert und seine Hundenatur ohne Herauskehrung eines unangebrachten Herrenstandpunktes gelten läßt, der hat an seinem Hovawart viel Freude und Gewinn.

Diese Art der Hundebetrachtung und Hundehaltung hat mit Verweichlichung nichts zu tun. Man darf da anständige, faire Behandlung und Respektierung der Eigenart des Hundes nicht mit sentimentaler, weicher Hundeverzärtelung verwechseln; diese wollen wir auch nicht predigen. Der Hovawart soll wie ein Tier gehalten werden, ohne Vermenschlichung, aber man soll ihm mit menschlicher Fürsorge die Möglichkeiten zur Entfaltung seiner vielen guten Eigenschaften geben. Dann hat man am Hovawart einen fröhlichen, lebhaften Hund, der gerne alles tut, was sein Herr von ihm verlangt.

Wenn ich sage, der Hovawart ist fröhlich und lebhaft, so muß ich dies noch näher erläutern, denn man lobt ja bei ihm gerade, daß er ein ruhiger Hund ist. Dies ist nur scheinbar ein Widerspruch, denn ein Hund kann tatsächlich beides sein, lebhaft und ruhig, alles zu seiner Zeit. Im Haus ist der Hund ruhig und fällt nicht auf; aber seiner ständigen Aufmerksamkeit entgeht auch nichts, und er meldet jeden Fremden und jedes Läuten der Hausglocke sofort, ohne jedoch nun in ein endloses Gekläff zu verfallen. Er beruhigt sich bald wieder, wenn sich die Harmlosigkeit herausgestellt hat.

Aber wehe, wenn ein Verbrecher schnell den Fuß zwischen die Tür setzen würde, in der Hoffnung, mit einer einsamen Hausfrau oder einem alleingelassenen Kind leicht fertig werden zu können. Blitzschnell reagiert der Hovawart dann und sitzt dem Eindringling mit seiner ganzen Wucht sofort an der Brust. Hier zeigt sich sein ganz und gar urwüchsiger Schutztrieb und ungestümer Angriffsgeist, mit dem er Haus, Hof und Familie verteidigt.

Beim Spaziergang können Sie so recht den lebhaften Hovawart sehen. Die Freude, wenn Sie ihm das Halsband umlegen und die Leine greifen, ist ja unbeschreiblich. Wenn Sie dem Hund nun nicht beizeiten die „Leinenführigkeit" beigebracht haben, dann zieht er in einem ganz schönen Tempo mit Ihnen los. Draußen in Feld und Wald von der Leine losgemacht, können Sie wahres Hovawarttemperament erleben, besonders wenn Sie mehrere Hovawarte haben.

Wenn ich, als ich seinerzeit vier Hovawarte gleichzeitig hielt, an späten Abenden bei Mondschein und Sturm mit meinen drei Rüden und meiner Hündin am Teufelsmoor wanderte, dann ging ein unbeschreibliches Spiel-Kampfgetümmel los, das raste und bellte und knurrte und zwickte einander, sprang hoch in die Lüfte – wie eine Schar von Wölfen. Ich mußte dann immer denken: „Da ist Odin mit seinen Wölfen und seiner wilden Schar, der durch das Moor rast, oder vielleicht auch Lützows wilde, verwegene Jagd." Aber so bestückt mit einer Schar von guten Hovawarten brauchen Sie auf keinen Fall Angst auf einsamen Spaziergängen zu haben. Sie werden bestimmt nicht angegriffen! Und wie weich und schmusend kann andererseits dieser „zärtliche Rabauke" auch wieder zu seinen Familienangehörigen sein!

Hart ist der Hovawart körperlich, gesundheitlich, dem rauhen Wetter gegenüber. Sobald es Herbst und Winter wird, kommt die große Zeit für unseren Hund. Wenn im Haus die Zentralheizung angestellt ist, dann strebt er nach draußen. Bei Schneetreiben liegt er in aller Seelenruhe auf dem Hof und geht oft lange nicht in seine Hütte; es macht ihm Spaß, sich einschneien zu lassen. Unterwegs ist es ihm eine große Freude, sich auf Eisflächen zu wälzen und Schnee und Eis zu lecken und zu fressen. Der Hovawart ist ein Hund unserer mitteleuropäischen und nördlichen Breiten. Wegen der Chemikalien, die sich in den Straßen im Winter anhäufen, sollte man dem Hund nach einem Spaziergang in winterlichen Schmuddelstraßen kurz die Pfoten mit lauwarmem Wasser abwaschen. Daß der

82

Hund nach einem solchen Spaziergang unangenehme Empfindungen hat, merkt man an seinem verstärkten Pfotenlecken.

Im Sommer bei großen Wärmegraden strapaziere man ihn nicht, sondern schone ihn und lasse den Hundesport ausfallen. Aber sowohl im Sommer als auch im Winter muß stets und ständig eine gut gefüllte Schale mit Wasser für ihn erreichbar sein, damit der Hund nicht aus Angst, er bekäme längere Zeit nichts mehr zu trinken, zum sinnlosen Vielsäufer wird. Im Sommer muß der Hund immer die Möglichkeit haben, einen schattigen Platz aufzusuchen. Hierauf muß unbedingt geachtet werden.

Die meisten Hovawarte schwimmen gut und gerne und toben sich nach dem Bad mit besonderer Begeisterung das Fell trocken. Es ist erstaunlich, daß der Hovawart selbst nach längerem Schwimmen oder Laufen im Regen eine ganz trockene Haut behält, obwohl er nicht allzuviel Unterwolle hat. Deshalb erkältet sich auch der einigermaßen abgehärtete Hovawart nicht, wenn auch das lange Deckhaar einige Zeit lang feucht bleibt. Die geringe Unterwolle ist auch der Grund dafür, daß der Hund nicht viel haart, besonders wenn er viel im Freien gehalten wird.

Obwohl der Hovawart schon von seinem Namen „Hofwächter" her der gegebene Hund für ein Grundstück oder einen Bauernhof ist, so ist der heutige Hovawart aber selbstverständlich auch gut in jeder Stadtwohnung zu halten. Man muß ihm dann natürlich entsprechend viel Auslauf ermöglichen, denn der Hovawart ist sehr bewegungs- und lauffreudig. Einmal am Tage ein ausgiebiger Spaziergang von etwa eineinhalb Stunden und sonst noch am Tage dreimal auf die Straße hinunter, je 10–15 Minuten, einmal am Tage auch etwas länger, das braucht der Hund schon. Der eigene große Garten genügt nicht; der Hovawart muß täglich mehrere Kilometer laufen.

Der Hovawart als Gebrauchshund nach heutiger Begriffsbestimmung hat die Eigenschaften des Mutes, des Kampfgeistes und der Standhaftigkeit in genügendem Maße, daß er wirklich erfolgreich seine Wohnung oder seinen Hof gegen einen unbefugten, bösen Eindringling verteidigen kann.

Hier hat der Hovawart also ein Prestige, ein geistiges Erbe und eine geistige Tradition von seinem Namen her zu wahren. Er muß derb, kräftig und substanzvoll sein und auf kräftigen Läufen stehen. Jede Verfeinerung des Typs muß vermieden werden, der Fang darf nicht schwach werden, sondern muß Kraft aufweisen, edel soll er nicht durch Feingliedrig-

VIII   Der Hovawart als „Begleithund", er will viel laufen. „Afra v. Geiseltann",
14860/87

Martina Glase mit ihrem sm-Rüden

keit wirken, sondern edel soll er durch die selbstbewußte Wirkung seiner freien Hundepersönlichkeit sein.

Der Rassezuchtverein kontrolliert und lenkt die Zucht der Rasse daher so, daß der Hund im Hinblick auf seinen Namen und die Rassegeschichte immer glaubwürdig ist und bleibt, besonders auch im Hinblick auf das einwandfreie Gebrauchshundwesen.

Besonders gut ist die Nasenveranlagung beim Hovawart. Die Geschichte, die der erste Berliner Hovawartzüchter, Erich Krüger, schon Anfang der dreißiger Jahre von einem seiner Hovawarte erzählte, ging damals durch viele Zeitungen und legt ein schönes Zeugnis für die gute Nasenarbeit des Hovawarts ab. Einer Mutter waren in dem Vorort Frohnau ihre beiden kleinen Kinder weggelaufen; nach vielen Stunden vergeblichen Wartens wandte sie sich vertrauensvoll an Erich Krüger und bat ihn, seinen Hovawart auf die Spur der Kinder zu setzen. Er tat der geängstigten Mutter auch den Gefallen, ließ den Hund an Kleidungsstücken Witterung nehmen und schickte den Hund los. Tatsächlich fand der Hund nach längerer Zeit auch die Kinder weit weg von der Wohnung im Waldgebiet bei Frohnau.

Ein anderes Beispiel für eine erfolgreiche Nasenarbeit erzählten sich die ersten Hovawartzüchter auch gerne: Eine Hausfrau stellte betrübt fest, daß sie auf einer Straße in Steglitz ein Fünfmarkstück verloren hatte. Halb wie zum Spaß setzt man den ausgebildeten Hovawart ihrer Bekannten zur Suche an, und tatsächlich kommt der Hund nach einiger Zeit mit dem Fünfmarkstück zwischen den Zähnen zurück.

Solche und andere Bravourstückchen machten die Rasse schon bald bei Hundeliebhabern bekannt und lieferten den Beweis für die Brauchbarkeit des Hovawarts als Gebrauchshund. Es folgten dann Einsätze des Hundes beim Zoll- und Polizeidienst, als Blindenführhund, als Sanitäts- und Meldehund im Krieg und nach dem Krieg durch intensive Ausbildung sportbegeisterter Hovawartfreunde viele Beispiele erfolgreich abgelegter Schutzhundprüfungen.

Für Wanderfreudige ist der Hovawart ein idealer Wandergeselle, nicht nur, weil er sehr bewegungs- und lauffreudig ist, sondern weil man ihn auch überallhin mitnehmen kann. Im Restaurant liegt er ruhig und unauffällig unter dem Tisch, im Hotel wird er nie störend auffallen, denn er gehört nicht zu den Dauerkläffern, die jedes kleine Geräusch der ungewohnten Umgebung zum Anlaß für ein schlafstörendes Dauergebell nehmen. In der freien Natur fällt er ebensowenig auf, weil er kaum Neigung zum Wildern zeigt. Dem Junghund kann man die gelegentliche Tendenz zum Hasen-Nachlaufen verhältnismäßig leicht abgewöhnen. Heutzutage redet alle Welt vom Herzinfarkt, von der Managerkrankheit.

Vielleicht hilft uns da das Verhältnis Menschen – Hund auch weiter, das gegenseitige Geben und Nehmen? Der Hund braucht das Laufen als Lauftier, aber der Mensch genauso. Die Bewegungsarmut, das Fehlen von Natur und des Ausgleichs der Zivilisationsspannungen in unserer von der täglichen Arbeitspflicht erfüllten Welt bringen für den Menschen die Gefahr des frühen Herztodes mit. Unser Hund kann hier helfen, weil er uns zwingt, die gefährliche Einseitigkeit unseres pflichtbewußten, von Stolz auf geistige, menschliche Tätigkeit ausgefüllten Lebens zu den ewig wahren biologischen Gegebenheiten auf dieser Erde zurückzuführen. Ja, wir Menschen müssen laufen wie unsere Hunde auch, und wenn wir gemeinsam laufen wie eh und je, dann werden wir gemeinsam unsere biologische Kraft erhalten und unsere Gesundheit bewahren.

So mancher Mensch, der rein geistig interessiert ist, wird bei solchen Betrachtungen vielleicht ein wenig mitleidig auf die „vernarrten" Hundeleute herabblicken; aber wir Hundeleute gucken auch noch einmal nach rechts und links und sehen, daß es neben dem menschlichen Fortschritt durch geistige Tätigkeit auch auf „niederer" Ebene noch ungeheuer wichtige Dinge gibt. Und dies soll ausgerechnet in einem Hundebüchlein stehen? Ja, doch, weil es sonst nirgendwo steht, außer in bedeutenden medizinischen Werken, die nur wenige lesen. Die modernen Menschen von heute hätten es nicht so oft nötig, sich in Spezialkliniken zu begeben, um sich von ihrer Managerkrankheit kostspielig heilen zu lassen. Sie brauchten nur ein wenig ihre intelligenten Scheuklappen abzunehmen und die Dinge rechts und links von ihrem so wichtigen, fortschrittsbeflissenen Wege zu sehen und ihnen könnte geholfen werden. Ein bißchen Herz und Gefühl müßten sie noch haben für unsere Tierwelt und die Erkenntnis, daß diese gleichberechtigt neben dem homo sapiens, dem Verstandesmenschen, auf dieser Erde lebt.

Eine verständnisvolle Hundehaltung könnte heute vielen Menschen den Segen des gegenseitigen Gebens und Nehmens bringen. Das Spazierengehen in innerer Freude mit einem Hund bringt uns den so notwendigen Ausgleich der Verkrampfung des gehetzten modernen Lebens und führt uns zurück zu uns selbst, zum Bewußtsein der Einheit von Mensch,

Tier und Natur. Wer auch mit solchen Gedanken an die Hundehaltung herangeht, dem wird unser Freund, der Hovawart, in seiner großen Freude am Menschen und an der Natur die schönste Erfüllung des Verhältnisses Mensch – Hund bringen.

Haltung

Wie jeder andere Hund muß auch der Hovawart seinen festen Platz haben, wohin er sich immer zurückziehen kann. Es kann in der Wohnung eine Ecke sein, es kann ein Zwinger sein, der aber mindestens 30 qm groß sein muß, so daß der Hund sich frei bewegen kann; eine vor Wetter und Wind geschützte Hütte muß vorhanden sein. Der Hovawart soll aber nicht ausschließlich im Zwinger gehalten werden (das sollte man keinem Hund zumuten, genau so wenig gehört ein Hund ständig an eine Kette), sondern muß auch genug ausgeführt werden, er soll auch mit ins Haus genommen werden und vor allem Kontakt mit sämtlichen Familienmitgliedern haben.

In der Wohnung erhält er einen Platz, der trocken und zugfrei ist. Als Unterlage eignet sich eine Kokosmatte oder ähnliches. Der Hund im allgemeinen soll nicht zu weich liegen, aber auch nicht auf dem blanken Stein- oder Zementboden. Man sollte vor allem vermeiden, einem jungen Hund Schaumgummistücke oder Stücke aus Plastik als Unterlage oder zum Spielen zu geben. Durch Herunterschlucken derartiger Materialien kann der Hund schweren Schaden nehmen, ja er kann daran eingehen. Diese Dinge sind selbst für einen Hundemagen unverdaulich.

Fütterung

Der Hund soll auch seinen eigenen Kamm, seine Bürste, seinen Futternapf und Tücher zum Reinigen haben. Im Anfang, bis zu etwa 6 Monaten erhält er viermal täglich Futter, und danach dreimal. Daß der erwachsene Hund schließlich nur einmal am Tage seine Gesamtfuttermenge erhalten soll, ist eine veraltete Ansicht, die auf jeden Fall aufgegeben werden muß. Die Gesamtfuttermenge für den Hovawart die je nach seiner Größe und seinem individuellen Bedarf 1,2 bis 1,5 kg betragen wird, muß auf drei Mahlzeiten, also früh, mittags und abends verteilt werden. Hierbei sollen zwei Mahlzeiten etwas weniger Futter enthalten und die dritte – entweder mittags oder abends – die größere Portion sein. Beim Hovawart ist eine gewisse Gefahr einer Magenverdrehung gegeben. Diese kann entstehen, wenn ein Hund in einem Zug die gesamte Tagesfuttermenge von vielleicht 1,5 kg herunterschlingt. Um so mehr, wenn das Futter dann noch aus nicht zerschnittenem Pansen oder Rinderherz usw. besteht, in der Annahme, daß der Hund mit seinem Wolfsgebiß dies schon zerreißen wird; dies ist nämlich ein Irrtum; so viel Wolf sind unsere Hunde nun auch nicht mehr, daß man diese Experimente machen kann. Bei der Magendrehung ist die freie Passage zum Darm unterbunden, und wenn nicht sehr bald operiert wird, geht der Hund ein.

Es gibt heute so gute Fertigfuttermittel, daß viele Hundehalter nur noch Fertigfutter geben. Den Hunden schmeckt dies gut, aber das soll nicht der alleinige Maßstab für die Fütterung sein. Der Hund muß für sein kräftiges Gebiß auch noch etwas zum kräftigen Kauen haben. Nur an Reisetagen bei längeren Reisen sollte man mal eine Büchse Fertigfleisch und Trockenfutter geben. Sonst sollte man bei abwechslungsreichem Futter bleiben; an einem Tag vielleicht Pansen, dann vielleicht am nächsten Tag Rinderkopffleisch und dann mal Rinderherz oder -schlund, dies alles aber gekocht und etwa in gulaschgroße Stücke zerschnitten. Wenn man darauf noch eine Hand Trockenfutter würfelt, wird der Hund zufrieden sein und gut gedeihen.

Es wäre nicht richtig, an dieser Stelle sehr detaillierte Futterpläne aufzustellen, das hängt ganz davon ab, wie das Futter bekommt, was preiswert ist und was nicht. Das ist regional verschieden. Es gibt heute – wie schon erwähnt – einwandfreie Futtermittel, so daß die Futterbeschaffung keine Schwierigkeiten bereiten dürfte. Bei allem Luxus, den man sich heute leistet, soll man aber nicht übersehen, daß das Teuerste für den Hund nicht unbedingt das Beste ist. Ein gutes Futter ist immer noch der grüne Pansen, ab und zu einmal ein voller Blättermagen. Wichtig ist auch, daß genügend Kalk und Vitamine der B-Gruppe sowie D und A gefüttert werden. Hier gibt es Bierhefepräparate, die ausgezeichnet sind und alle Spurenelemente enthalten, und Lebertran. Trinkwasser muß der Hund, wie gesagt, stets zur Verfügung haben.

Wenn der Hund auch in erster Linie ein Fleischfresser ist, so kommt er doch nicht ohne Beifutter aus. Zwei Hände voll roher Haferflocken, mit der beim Abkochen des Fleisches erhaltenen Brühe vermischt, sind für ihn sehr wertvoll; auch Reis kann hierbei genommen werden. Nicht zu vergessen ist, daß der Hund auch täglich etwas rohes, feingeschnittenes Gemüse als Vitamin-C-Träger braucht; besonders einfach ist hierfür die Mohrrübe, geraspelt, und ein roher Apfel zu verwenden.

Nicht geben sollte man Lunge oder Milz; hiervon bekommen viele Hunde Durchfall. Auch mit Knochen sollte man beim Hovawart zurückhaltend sein, weil es meistens zu Verstopfungen kommt. Sicher braucht der Hovawart für sein kräftiges Gebiß auch hin und wieder einmal einen Knochen; dann aber nur einen gekochten Kalbsknochen; andere Knochen splittern und können Magen- und Darmschleimhautverletzungen verursachen. Schweinefleisch sollte am besten gar nicht gegeben werden, und wenn hin und wieder einmal, dann nur in geringer Menge und lange gekocht. Durch das Essen von rohem Schweinefleisch kann es beim Hund zu einer tödlich verlaufenden Virusinfektion kommen; für den Menschen sind diese Viren ungefährlich.

Die frühere Ansicht, der Hund müsse einmal in der Woche einen Hungertag haben und gar nichts bekommen, ist überholt, aber einen Tag in der Woche nur vier oder fünf Hundekuchen, über den Tag verteilt, das ist schon richtig.

Fellpflege

Die Fellpflege des Hovawarts bietet keine Probleme. Es genügt, wenn er einmal in der Woche mit Bürste und Tuch „gekämmt" wird, und zwar nicht „gegen den Strich", sondern in Richtung des Haarwuchses. Nicht immer kann man ganz ohne Kamm auskommen, dann muß man aber sehr vorsichtig vorgehen, damit es nicht zu Hautreizungen kommt. Gebadet wird der Hovawart am besten gar nicht. Hat er sich das Fell einmal sehr verschmutzt, dann wird es tüchtig mit einem guten Waschmittel abgewaschen, hinterher gründlich mit lauwarmem Wasser ausgespült und gut abgetrocknet. Baden in den Gewässern der Natur kann er reichlich nach seinem eigenen Belieben, sofern man erkennen kann, daß die Gewässer sauber sind. Die Neigung des Hovawarts, in freien Gewässern zu baden oder zu schwimmen, ist sehr unterschiedlich; manche gehen gar

IX Blonder Welpe (Photo-Müller JIM/Oberstdorf)

X   „Eileen v. Deutsch-City", sm-Welpe (9 Wochen alt)

nicht ins Wasser, andere wieder sind begeisterte Schwimmer. Hier soll man keinen falschen Ehrgeiz haben und den Hund nicht mit Gewalt ins Wasser zwingen wollen.

Zweimal im Jahr erfolgt beim Hovawart ein Fellwechsel. Auch hier gibt es große Unterschiede; bei manchen Hovawarten ist der Fellwechsel nach zwei bis drei Wochen vorbei, bei manchen dauert er über drei Monate. In diesen Zeiten muß man die Hunde täglich ausbürsten. Es ist erstaunlich, daß die Hovawarte außerhalb der Fellwechselzeiten kaum Haare auf dem Teppich hinterlassen.

Schlechte Hundehaltung

Leider werden Hovawarte manchmal auch schlecht gehalten. Dazu gehört vor allem Gleichgültigkeit gegenüber dem Hund. Man fragt sich, welches Motiv hatten solche Käufer eines Hovawarts? Wollte man einen Hovawart haben, weil die Rasse gerade „in" ist? Wollte man ihn nur als Statussymbol haben? Man schiebt ihm gerade noch seinen Futternapf irgendwohin und läßt ihn nur das Mindestmaß hinaus; man schiebt ihn unwillig mit dem Fuß beiseite, wenn er einem gerade im Korridor den Weg versperrt: „Geh mal weg, Hund; denn schließlich bist du ja nur ein Hund, und ich, der Mensch, bin die Krone der Schöpfung!" Man gibt ihm zu wenig Bewegungsfreiheit, man beschäftigt sich kaum mit ihm. So geht es nicht beim Hovawart; er verkümmert, wird depressiv, eventuell auch bissig. Der Hovawart braucht liebevolle Zuwendung, immer wieder ein paar liebevolle Worte, er will vom Menschen bemerkt und bestätigt sein, dann ist er wirklich ein Freund und trägt zu einem echten Glücksgefühl des Menschen bei.

Jeder, der einen Hovawart erwerben will, prüfe sich, ob er ein echter Tierliebhaber und vor allem ein überzeugter Hundefreund ist. Wenn er bereit ist, sich auch seinem Hund anzupassen, auch auf seine Bedürfnisse Rücksicht zu nehmen und sich auch selbst einmal einzuschränken zugunsten des Hundes, dann ist er der richtige Mensch für den Hovawart; er wird nichts falsch machen. Wer Zweifel hat, ob er dies mit seinen Lebensverhältnissen vereinbaren kann, dem sollte man abraten von der Haltung eines Hovawarts; folgt er diesem Rat, ist es lobenswert.

Der Kauf des Hovawart-Welpen und die ersten Tage im neuen Heim

Nun ist es soweit; man hat sich erkundigt, man hat etwas gelesen, man ist neugierig und erwartungsvoll, man will sich einen Hovawartwelpen kaufen, man freut sich schon darauf.

Wo kauft man ihn? Man kauft ihn nur bei einem Hovawartzüchter, der Mitglied im Rassezuchtverein für Hovawarthunde e. V. Rechtssitz Coburg ist. Hier haben Sie die Gewähr, daß alle Zuchtbestimmungen eingehalten worden sind, und daß der Welpe und die Hundemutter richtig ernährt und versorgt worden sind von der Geburt bis zum Tag, an dem er an den neuen Besitzer abgegeben wird. Die Welpen werden frühestens mit 8 Wochen abgegeben; besser ist es, wenn sie erst mit 9 oder 10 Wochen ihren Wurfzwinger verlassen. Die Welpen haben dann schon die erste Staupe-Tollwut-Impfung hinter sich, und der Anfänger in der Hovawartzucht hat schon eine Sorge weniger.

Der Käufer selbst kann sich auch einen Eindruck verschaffen, ob der Welpe, den er sich ausgesucht hat, in Ordnung ist. Er soll insgesamt einen gesunden, verspielten Eindruck machen. Die Augen sollen klar und nicht trübe sein. Wenn man ihn auf den Arm nimmt, kann man sich die Zähne ansehen; sie sollen weiß, das Zahnfleisch rosa und fest sein. Hat man Zweifel, ob der Welpe auch gesund ist, kann man gleich mal Fieber messen lassen. Die gesunde Temperatur liegt zwischen 38 und 39°.

Zu Hause bei sich angekommen, wird der Welpe sehr eingeschüchtert sein; es ist für den kleinen Kerl ja eine ganz neue Welt und Umwelt, die ihn überwältigt. Die ersten Tage muß man sich viel um ihn kümmern, ihn oft auf den Arm nehmen und streicheln und sanft mit ihm reden. Schnell wird er sich bei Ihnen eingewöhnen, wird bei Ihnen Schutz suchen und Ihnen überallhin folgen.

Sie werden ihm schon ein sicheres, gemütliches Plätzchen vorbereitet haben und ihn daran gewöhnen mit kleinen Häppchen. Gerne wird der Welpe sich dann dahin begeben und sein Schläfchen halten. In diesen ersten Lebenswochen verschläft der Welpe den größten Teil des Tages, und das darf man nicht stören. Man kann ihn am besten die ersten drei Tage vor dem eigenen Bett schlafen lassen und ab und zu ihn mit der Hand berühren.

Stubenreinheit

Die Erzielung der Stubenreinheit ist dem neuen Hundebesitzer ein wichtiges Anliegen. Die Zeit, in der der Welpe noch nicht stubenrein ist, ist sehr anstrengend für den Welpenbesitzer, und er sehnt den Tag herbei, an dem er sich nicht dauernd bücken muß, um hier ein Pfützchen und dort ein Häufchen wegzuwischen. Aber so ist es nun einmal mit einem Baby, beim Menschenbaby ist es ja genauso: die Lebensfunktionen laufen noch nicht kontrolliert ab.

Wer im Parterre wohnt oder einen Hof oder Garten besitzt, hat es leichter, dem Welpen die Stubenreinheit beizubringen. Unmittelbar nach dem Erwachen aus einem längeren Schlaf oder nach einer Mahlzeit gehe man mit dem Welpen immer an dieselbe Stelle, die man als besonders günstig für die Geschäftchen ausgesucht hat, und warte, bis er sich dazu hinsetzt. Jetzt ist die hundliche Lobesformel „So ist's brav!" wichtig, wenn er Erfolg gehabt hat. Ist das „Ereignis" schon vorher eingetreten, wird immer wieder versucht, ihm seinen Fehler mit der Strafformel „Pfui!", klar zu machen. Niemals darf man die brutale, mittelalterliche Methode anwenden, den Welpen mit der Nase in seine Geschäftchen zu stupsen, um ihm deutlich zu machen, daß er etwas Falsches getan hat. Da der Hund nicht in menschlichen Begriffen denken kann, wird er den logischen Zusammenhang zwischen seinem Naturdrang und der Quälerei durch seinen lieben Meuteführer niemals „verstehen". Der Hund wird ängstlich, scheu oder bissig. Also hier ist wirklich Geduld und

96

nochmals Geduld notwendig. Mit viel Liebe und Nachsicht muß man sich seinem kleinen und hilflosen Wesen widmen, um es stubenrein zu machen. Das dauert bei dem einen Welpen gar nicht so lange, bei einem anderen länger.

Einige Züchter halten viel von der Methode, den Welpen auf eine mehrschichtige Zeitung zu setzen, bis er dort sein Geschäftchen gemacht hat. Der Welpe gewöhnt sich schnell daran und wird sich bald auf die parat liegende Zeitung begeben, wo das alles so schön abläuft. Der Welpenbesitzer hat zugleich den Vorteil, daß er die Zeitung nur zusammenzuklappen braucht, um die Produkte zu beseitigen. Wenn der Welpe dann die ganzen Vorgänge einigermaßen verknüpft hat, wird man ihn allmählich von der Zeitung hinweg an den Straßenrand oder an sein Klo im Garten umgewöhnen können.

Erste Erziehungsmaßnahmen

Dem Hunde, wenn er gut erzogen,
wird selbst ein weiser Mann gewogen.

Goethe, Faust I

Die ganze Problematik der Hundehaltung liegt in diesem so oft zitierten Vers aus Goethes Faust umschlossen. Ein unerzogener Hund kann für die gesamte Nachbarschaft zum Ärgernis werden und kann selbst neutral eingestellte Menschen zu Hundefeinden machen, während ein gut erzogener Hund sogar die Aufmerksamkeit und das Wohlwollen mehr geistig eingestellter und am Hund sonst nicht interessierter Menschen erwerben kann.

Da der Hund nicht denken kann, müssen wir andere Methoden ersinnen, um ihm das von uns gewünschte Verhalten beizubringen. Hier kann nur in kurzen Ausführungen auf das Grundsätzliche der Hundeausbildung hingewiesen werden. Eine intensive Beschäftigung mit einschlägigen Büchern bleibt uns nicht erspart, wenn wir den „wohlerzogenen Hund" haben wollen.

Sind Sie, liebe Besitzer eines jungen, von überschäumender Lebensfreude sprühenden Hovawarts, sehr große Hundenarren? Haben Sie Ihre helle Freude daran, wenn der übermütige Kerl in närrischen Sprüngen durch sämtliche Zimmer rast, um schließlich in Ihren Betten zu landen und diese nach Herzenslust durchzuwühlen? Nun, dann nehmen Sie, wenn's auch schwer fällt, Ihr tierliebes Herz fest in die Hand, und sagen Sie sich: „Es muß auch Grenzen geben in der Tierliebe!" Der Hund, und sei es auch der liebste und drolligste, gehört nun einmal nicht in die Betten, seine Schnauze gehört auch weder auf den Küchentisch noch auf den Tisch, wo Sie und Ihre Mitbewohner essen oder Eßwaren zu liegen haben. Wir leben in einer Welt von Bakterien und Infektionskeimen, und dort unten, wo der Hund seine vier Pfoten hat und mit seiner neugierigen Nase jeden Dreckhaufen beschnuppert, sind die Keime am häufigsten. Die Gefahren sind zwar heutzutage nicht so sehr groß, und die Wissenschaft berichtet kaum noch von Krankheitsfällen durch Hunde, aber man sollte den Hund von vornherein nicht verwöhnen. Was der Hund nie kennengelernt hat, braucht er auch nie zu entbehren; also gewöhnen wir ihm doch lieber gar nicht erst Allüren an, die seiner Natur an sich fremd sind. Eine solche Haltung wäre die wahre Tierliebe.

„Wie man sich bettet, so schläft man!" Wie man seinen Hund erzieht, so leidet man oder nicht, könnte man auch sagen. Es soll sogar schon irgendwo einmal ein ganzer Feuerlöschzug angerückt sein, um einen allein gelassenen Hund und die verzweifelten Nachbarn von ihren Qualen zu befreien. Ja, so ein richtig verwöhnter und nun doch einmal allein gelassener Hund – weil man es vielleicht nach langer Gewissensbefragung gewagt hat, einmal ins Theater zu gehen – kann einen beachtlichen Spektakel machen. Stunde um Stunde kann so ein niedliches Hündlein dann klagen, bellen, wütend sein oder bemitleidenswert, ja, mit größter Lautstärke schreien. Zähe ist unser ängstlich umsorgtes Hündlein dann, bis die Nachbarn verzweifeln, und die Feuerwehr die letzte Rettung ist.

Nun, es braucht ja nicht so zu sein, daß man keine Einladung mehr annehmen kann, keinen Kinobesuch oder längeren Einkauf mehr machen kann, wo man den Hund nicht mitnehmen kann. Es ist ja so leicht, den Hund daran zu gewöhnen, auch ein paar Stunden allein zu bleiben, man muß dies nur schon in frühester Jugend tun. Der Hund muß sein Lager haben, wo er sich wohl fühlt, irgendwo in der Küche oder der Diele, und dann wird er eben bei geschlossenen Zimmertüren ein paar Stunden allein gelassen, und man darf dann eben nicht sofort voller Aufregung hinausstürzen, wenn Harraslinileinichen ein paar jämmerliche Piepstöne von sich gibt. Sehr schnell beruhigt sich dann der Hund, und Sie brauchen später nicht nach der Sklavenbefreiung zu rufen, nach der Befreiung von der Sklaverei durch Ihren Hund nämlich! Der Hovawart wird Ihnen aber in dieser Beziehung besonders wenig Sorgen machen, wenn Sie selbst nur einigermaßen vernünftig sind.

Sicherlich kennen Sie auch das neckische Spiel, das man mit Hunden spielen kann und das Kinder besonders gerne und ausdauernd spielen: Der Hund hat einen Knochen, und nun kommt man in lauernder Haltung langsam auf ihn zu, versucht ihm den Knochen wegzunehmen und sagt mit imitiertem Knurren: „Ist ja meine, rrrre, ist ja meine ..." Der Hund kommt dabei in eine herrliche Wut, hält den Knochen um so fester, zieht die Lefzen bis über die Nase, damit seine Zähne drei Meter lang und urgefährlich erscheinen sollen, dämonisch läßt er viel Weiß in seinem Auge erscheinen und unter heftigstem Knurren schnappt er nach der räuberischen Hand. Kinder und auch die erwachsenen Kinder haben einen Heidenspaß daran, wie sich der Hund aufregt. Ich sage Ihnen: „Tun Sie es nicht! Lassen Sie das Spielchen!" Noch ist der Hund klein und seine Zähnchen hinterlassen nur ein paar rote Dellen in Ihren Händen. Aber Sie dressieren damit den Hund regelrecht auf den eigenen Herrn. Futter ist jedem Hund heilig noch von seinen wilden Urahnen, den Wölfen, her, die es so bitter schwer erjagen müssen. Ihre Hände dürfen für den Hund nie gefährlich, sondern müssen immer nur gut und hilfreich in Erscheinung treten. Es kann ja vorkommen, daß der Hund einen Gegenstand oder einen spitzen Knochen sich im Rachen festgeklemmt hat; wenn der Hund dann reflektorisch die helfende Hand wegbeißt, weil das immer so geübt wurde und weil diese Hand immer den Knochen haben will, dann können Sie einem Hund buchstäblich nicht helfen, ohne sich in große Gefahr zu begeben.

Üben Sie schon beim Welpen und Junghund, daß er Ihnen den Knochen freiwillig ohne Knurren gibt, weil er weiß, daß Frauchens oder Herrchens Hand ihm den Knochen immer gleich wieder zurückgibt. Wenn der junge Hund also seinen Knochen auf den Teppich geschleppt hat, dann nehmen Sie ihm den ruhig mit dem Wort „Aus" weg und geben ihm denselben an seinem gewohnten Futterplatz in der Küche oder Diele sofort wieder. Der Hund bekommt dann Vertrauen zu Ihnen und weiß, daß er seinen Knochen durch Ihre Hand nie einbüßt. Knurrt der Hund bei diesem Vorgang, dann geben Sie ihm ruhig mit einem ernsten „Pfui" einen Klaps auf die Schnauze. Läßt er sich daraufhin willig den Knochen aus dem Maul nehmen, dann kommt sofort ihre Lobesformel „So ist's brav!", und wenn er nun sofort seinen Knochen am richtigen Platz wieder erhält, dann ist die Gläubigkeit Ihres Hundes an Ihre Gerechtigkeit eines Tages unbegrenzt.

Sie können dann im Notfall dem Hund wirklich helfen, können auch Wunden inspizieren, reinigen und verbinden, können ihm Medikamente geben, immer wird es sich der Hund vertrauensvoll gefallen lassen. Umgekehrt geübt, wird der erwachsene, kräftige Hund gefährlich und niemand kann ihm helfen.

Wie alles beim Hund muß man die erwünschten Verhaltensweisen oft und immer wieder üben, bis sie sich ihm endgültig eingeprägt haben.

Wenn wir das bisher Gesagte wohl beherzigt haben, dann ist unser Hovawart jetzt in der Wohnung schon ein ganz passabler Hausgenosse, der seiner guten Erziehung Ehre macht und uns vor Fremden nicht blamieren wird. Neue Probleme tauchen auf, wenn wir mit ihm auf die Straße gehen, und dies soll ja schon bald geschehen, damit der junge Hund möglichst frühzeitig an alle möglichen Umweltsituationen gewöhnt wird. Wir müssen also die Erziehung des Hundes für die Außenwelt mit der Erziehung für das Haus parallel laufen lassen.

Kaum hat der Hund die anfängliche Scheu vor dem Ausgang auf die Straße überwunden, fängt man an, sich zu wundern, was so ein kleiner Kerl schon für eine Kraft hat und welches Tempo er beim Spazierengehen vorlegt. Er zieht stark an der Leine, und man hat alle Mühe, zu folgen. Hundelaien sind über dieses Phänomen meistens ziemlich ratlos, und häufig sieht man sie noch ihrem Hund in leichtem Dauertrab nachstolpern, wenn dieser nun schon groß und kräftig geworden ist. Haben Sie, verehrter Spaziergänger, nicht schon so manches Mal geschmunzelt beim Anblick eines solchen Gespanns und sich gefragt: „Wer hat hier eigentlich wen an der Leine?" Nun, auf alle Fälle hat der Hund hier sein Frauchen oder Herrchen an der Strippe; und er läßt sie nach seinem Kopf tanzen.

Das normale Fortbewegungstempo des Hundes ist ja das 8- bis 10-Stundenkilometer-Tempo, während dasjenige des Menschen das 4- bis 5-Stundenkilometer-Tempo ist. Also entweder läuft der Hund nun nach dem Willen seines Herrn, oder er marschiert eben, wie der Hund es will. Mit diesen Betrachtungen kommen wir wie beiläufig zu den theoretischen Grundlagen der Hundeausbildung oder Abrichtung schlechthin.

Die Ausbildung des jungen Hundes

Wir Menschen verfallen immer wieder in den Fehler, bei unserem Umgang mit Tieren, speziell mit unseren Hunden, diesen menschliche Fähigkeiten zuzuschreiben. Wir sprechen vom „klugen", vom „treuen", vom „dankbaren" Hund und so weiter und setzen damit beim Hund hohe geistige Fähigkeiten und Moralbegriffe voraus, die der Hund nun einmal nicht hat. Wir vermenschlichen also den Hund und tun ihm damit aber oft sehr unrecht, wenn wir ihn vielleicht bestrafen, weil er nach unserer Meinung versagt hat. Sicherlich hat auch der Hund gewisse höhere Fähigkeiten, aber er kann nicht abstrakt denken, und es hat also keinen Zweck, mit ihm zu sprechen mittels gedanklicher und sprachlicher Begriffe. Der Hund kann denken, so wie ein Hund eben denkt, in seiner „Begriffs-" und Erlebniswelt.

Er kann Erfahrungen machen und miteinander verknüpfen, wobei die Verbindung zwischen den verschiedenen Erfahrungen durch körperliche Empfindungen hergestellt wird. Das heißt mit anderen Worten, je nachdem ob der Hund angenehme oder unangenehme Empfindungen, Lust- oder Unlustgefühle erfährt, wird er sein Verhalten einrichten. Man kann daher das Verhalten des Hundes lenken, indem man ihm angenehme oder unangenehme Einwirkungen zuteil werden läßt, bis der Hund das läßt, was ihm unangenehm oder gar schmerzhaft ist, und bis er das tut, was ihm angenehme Empfindungen vermittelt. Man nennt dies Abrichtung, und die klassische Definition dafür von Konrad Most in seinem Buch „Abrichtung des Hundes" lautet: „Abrichtung ist Gewöhnung an bestimmte Verhaltensweisen auf gedächtnismäßiger Grundlage durch absichtlich gesetzte Sinnesreize." Ja, der Hund hat Gedächtnis. Er merkt sich ganz genau, was ihm einmal unangenehm oder schmerzhaft entgegengetreten ist und auch den Ort, wo das passiert ist.

Wir erkennen nun klar, daß ein Hund durch falsche Einwirkungen sehr leicht verdorben, scheu oder bissig, mißtrauisch oder aggressiv werden kann. Ist zum Beispiel aus einem seitlichen Waldweg einmal ein anderer Hund bösartig auf ihn zugestürzt und hat ihn gebissen, wird er bei jedem Spaziergang vor dieser Stelle erst vorsichtig sichern und äugen, ob sich der unangenehme Vorfall nicht etwa wieder ereignet.

XI   „Puma v. d. Rumesburg"

Oder es kamen vielleicht Kinder aus einer Seitenstraße gelaufen und haben ihn gescheucht oder gar mit Steinen geworfen, so wird er mit Kindern in Zukunft, zumindest lange Zeit, nicht mehr viel im Sinn haben und entweder weglaufen oder aggressiv werden.

Andererseits wird ein Hund sehr gutmütig werden, dem stets sämtliche unangenehmen Einwirkungen und Erfahrungen erspart bleiben und der von allen immer nur liebkost und verhätschelt wird. Uns wird anhand dieser Betrachtungen deutlich gemacht, wie sehr die Umweltverhältnisse den Hund endgültig formen und wie wir durch die zweckmäßige oder auch unzweckmäßige Gestaltung seiner Umweltverhältnisse es selbst zum großen Teil in der Hand haben, ob wir nun den freundlichen, gutmütigen Hausgenossen oder einen aufmerksamen Wachhund oder letzten Endes den gut ausgebildeten, wirkungsvollen Schutzhund unser eigen nennen.

Wenn wir nun auf das bereits angeführte Beispiel zurückkommen, wie der junge Hund seinen Herrn an der Leine hinterherzieht und ihm sein Tempo aufzwingt, so ist es jetzt leicht, uns aufgrund der vorangegangenen Erklärungen zu überlegen, wie wir ihm dies abgewöhnen. Wir machen dem Hund das Laufen bei straffgezogener Leine unangenehm, indem wir ihm einen ganz kurzen Ruck mit der Leine geben, wobei sich der Druck des Halsbandes ihm unangenehm am Hals bemerkbar macht. Der Hund wird einige Schritte langsamer laufen; sobald dies der Fall ist, und die Leine nun locker durchhängt, wird er sofort mit der Lobesformel „So ist's brav" mit freundlicher Stimme gelobt. Der Leinenruck erfolgt mit dem scharfen Kommando „Fuß". Bei häufiger Übung wird dem Hund durch den dauernden Wechsel von unangenehm = Leinenruck mit dem Hörzeichen „Fuß!" und angenehm = lockere Leine und freundliches „So ist's brav!" das erwünschte Verhalten eingeimpft, so daß er lieber bei lockerer Leine läuft. Natürlich muß man dies mit viel Fingerspitzengefühl handhaben, um den Hund nicht zu überfordern und zu quälen; man muß viel Geduld haben und darf nicht glauben, daß dies nun schon in einer Woche erreicht ist.

Die Frage, wann man mit einem Junghund in dieser Form die Ausbildung beginnen kann, ist sehr schwer zu beantworten. Nur dem vielfach erfahrenen Abrichter und wirklichen Könner darf man es überlassen, schon bei dem etwa 10 Wochen alten Hund mit den ersten vorsichtigen Einwirkungen dieser Art zu beginnen. Wer Anfänger ist, lasse die Finger noch davon und lasse sich sagen, daß der junge Hovawart noch mehr als andere Rassen seine ungebundene Jugend ausleben muß. Der junge Hovawart ist so fröhlich in der neuen Umwelt und entdeckt sie so seinen lebhaften Urinstinkten entsprechend, daß man seine Natur vergewaltigen würde, wenn man schon früh einen ernsten Arbeitshund aus ihm machen wollte. Nicht die schlechtesten Abrichter raten, vor einem Jahr überhaupt nicht mit systematischen Einwirkungen zu beginnen. Aber wie gesagt, dies alles ist Erfahrungssache, und die Richtschnur unseres Handelns muß die tiefe Tierliebe und die Achtung vor der Eigenständigkeit des Tieres sein, dem man mit menschlichen Begriffen eben nichts klar machen kann. Wenn wir diese Liebe zu unserem jungen Hovawart haben, dann haben wir auch die große Geduld und Ausdauer, die nötig sind, wenn man eines Tages den „gut gezogenen Hund" haben will.

Wenn der Hund nun schon größer und kräftiger geworden ist, nimmt man statt eines gewöhnlichen Halsbandes einen Lederwürger, der sich beim Ruck zusammenzieht. Hat man einen besonders starken Rüden, kann man oft ohne das Stachelhalsband nicht auskommen, wenn man ihm die Leinenführigkeit beibringen will. Häufig hört man natürlich die Meinung, man könne jeden Hund ohne Stachelhalsband ausbilden, und das brutale Stachelhalsband wird kompromißlos verurteilt. Aus vielfacher eigener Erfahrung und Beobachtung kann ich aber sagen, daß man bei starken und temperamentvollen Rüden mit dem Stachelhalsband, richtig und sparsam dosiert angewandt, viel schneller und humaner zum Ziel kommt, als daß man ewig den Hund mit großer Kraft am Lederwürger zieht, der ihn bald schon in keiner Weise mehr beeindruckt.

Der Lederwürger hat den Nachteil, daß er sich langsam, aber sicher bei dem vorwärtsdrängenden Hund immer enger zusammenzieht, bis dieser kaum noch atmen kann. Aber der Hund zieht trotzdem weiter voraus. Der Dauerdruck auf den Kehlkopf führt häufig zu Dauerhusten oder Dauerheiserkeit. Auch ein Lederhalsband, das kein Würger ist, hat ähnliche Folgen beim vorwärtsdrängenden Hund. Aber die Anwendung des Stachelhalsbandes lasse sich der Anfänger erst lieber von einem alten Hundefachmann zeigen.

Wenn der neue Hovawartbesitzer nun eines Tages seinen schon größeren Hund auf Spaziergängen von der Leine losmacht, geht die mühevolle Arbeit mit der Einarbeitung der sogenannten Freifolge und des Heranrufens des Hundes wieder los: Dies wird man richtig dem Hund

XII „Bicko" und „Castor", zwei gute Wachhunde

nur in systematischer Abrichtung im Rahmen eines Vereins beibringen können, weshalb sich hier längere Ausführungen erübrigen. Natürlich kommt Ihr Hund im Laufe der Zeit auch so zu Ihnen, aber es wird länger dauern und immer unexakt sein.

Seien Sie aber nicht deprimiert, wenn der Hund Ihren Rufen nicht folgt, wenn er Artgenossen oder gar -genossinnen mit unwiderstehlicher Gewalt nachsetzt. Die Urinstinkte wirken sich hier so mächtig aus, daß es einer guten Abrichtearbeit bedarf, wenn man hier den Hund leicht führen will.

Aber einen Kardinalfehler der Abrichtung dürfen Sie auf keinen Fall machen: Ihren Hund mit harten, vorwurfsvollen Worten oder gar mit Schlägen zu bestrafen, wenn er nun nach längerer Zeit, nachdem er unter Ihrem dauernden Rufen doch weggelaufen war, endlich wieder zu Ihnen zurückkommt. Der Hund würde sofort verknüpfen: „Zu Herrchen kommen, ist unangenehm!" Also kommt er immer weniger gern zu Ihnen, wenn Sie rufen, und schließlich gar nicht mehr. Sie selbst haben dann den Hund verdorben! Im Gegenteil, der Hund muß gelobt werden, wenn er nun endlich kommt, und Sie müssen wohl oder übel Ihren Ärger hinunterschlucken, wenn es auch noch so schwer fällt. Ja, so viel Selbstbeherrschung müssen wir haben, wenn wir einen Hund ausbilden wollen, weil nur das unbegrenzte Vertrauen des Hundes zu seinem Herrn Erfolg verspricht, daß der Hund bei Annäherung an ihn nur Gutes und Freundlichkeit erfährt und nie enttäuscht wird.

Sollten Sie einmal bei dem noch nicht sehr gut ausgebildeten Hund schnell den größten Wert darauf legen, daß er von irgend etwas abläßt, was er gerade mit höchstem Eifer verfolgt, dann wenden Sie einen oft bewährten Trick an. Mein erster Hovawart beispielsweise polterte zu gerne Radfahrer oder Reiter während des Spazierganges an. Laufen Sie nun so schnell Sie können unter lauten Rufen: „Ajax, hier!" seitlich weg. Durch das laute Rufen wird der Hund sich nach Ihnen umdrehen und sowohl sein Verfolgungstrieb als auch sein Meutetrieb werden ihn veranlassen, von dem Reiter abzulassen und Ihnen nachzulaufen. Ein guter Tip für junge, noch nicht ausgebildete Hunde, um brenzlige Situationen zu meistern! Laufen sie jedenfalls nicht Ihrem Hund nach, wenn Sie ihn bekommen wollen! Sie bekommen ihn so nie! Laufen Sie ganz schnell weg und rufen Sie ihn! Dann bekommen Sie ihn.

Für den Hausgebrauch sei noch das Setzen des Hundes erläutert. Es wird dem Hund mit dem Kommando „Sitz!", beigebracht. Gleichzeitig mit dem Hörlaut zieht man ihn mit der rechten Hand an der Leine vorn kurz hoch und drückt mit der linken Hand die Kruppe hinten herunter. Der Hund sitzt dann und wird sofort gelobt mit „So ist's brav!" Diese Lobesformel wird überhaupt so oft wie möglich angewandt, sobald der Hund etwas tut, was wir gerne haben wollen.

Nachdem der Hovawart als 7. deutsche Gebrauchshunderasse anerkannt worden ist, werden viele neue Hovawartbesitzer später die Schutzhundprüfungen mit ihm ablegen wollen. Hierzu muß der Hund außer in der Unterordnung dann auch in der Fährtensuche und im Schutzdienst ausgebildet werden.

Im Hinblick auf die Fährtensuche möchte ich Anfängern nur einen kurzen Tip geben: Lassen Sie nie den Hund, weil es so viel Spaß macht, im Garten oder unterwegs mit dem Kommando „Such!" Mäuse suchen und in Mäuselöchern buddeln! das Wort „Such!" darf beim Gebrauchshund nur in Verbindung mit einer Menschenfährte angewandt werden. Anderenfalls wird Ihnen später der Hund bei dem Kommando „Such!" von der Menschenfährte abgelenkt, und er wird sich sofort auf Mäuselöcher stürzen. Diese Angewohnheit dem Hund wieder abzugewöhnen, dauert sehr lange und ist sehr schwierig. Der Hovawart hat eine besonders gute Nasenveranlagung und erzielt bei der Fährtenarbeit sehr gute Erfolge.

Viele Hundelaien, die sich einen großen Hund gekauft haben, glauben, daß ihnen nun nichts mehr passieren könnte; sie haben ja oft in Geschichten gelesen, wie sich der treue Hund im Falle der Gefahr auf den Verbrecher gestürzt hat, um diesen kampfunfähig zu machen. Zugegeben, daß die Hunde und besonders die Vertreter der Gebrauchshundrassen einen angeborenen Schutztrieb haben und daß sie meistens einen Bösewicht beißen würden; aber in den meisten Fällen reicht beim unausgebildeten Hund dieses Beißen nicht aus, weil es mangels Ausbildung unzweckmäßig ausgeführt wird. Wir müssen auch berücksichtigen, daß die Hunde infolge ihrer Haltung in unserer weitgehend zivilisierten Umwelt normalerweise dem Beißen so entwöhnt sind, daß sie im Ernstfall nicht recht wissen, wie man sich zu verhalten hat.

Dem Hund muß also das richtige, zweckmäßige und der Situation angepaßte, ausreichende Beißen durch eine intensive Ausbildung beigebracht werden. Der gut ausgebildete Hund wird dies schnell begreifen, und erst jetzt hat man einen verläßlichen Schutzhund, der auch auf das Kommando: „Aus!" rechtzeitig aufhört zu beißen und somit nicht unnötiges Unheil anrichtet. Man kann daher jedem Hovawartbesitzer den guten Rat geben, seinen Hund in den Rassezucht- und Gebrauchshundevereinen auszubilden oder ausbilden zu lassen.

Die Ausbildung des Hovawarts soll auch nicht zu früh beginnen, falscher Ehrgeiz ist hier fehl am Platz. Wir können beim Menschen ja Kinder auch nicht mit Arbeiten und Aufgaben beauftragen, denen sie weder körperlich noch geistig-seelisch gewachsen sind. Wir würden einen körperlichen und nervlichen Zusammenbruch erleben, der nicht wieder gut zu machen ist.

Beim Hunde, diesem nervlich so hochentwickelten, sensiblen Tier, ist das nicht anders; beim Hovawart als spätreifem Hund müssen wir hier noch vorsichtiger zu Werke gehen. Das sich oft wiederholende Gleichmaß der systematischen Abrichtung ist eine schwere körperliche und nervliche Arbeit für den Hund, die wir ihm nicht in jugendlichem, unfertigem Zustand zumuten können. Nur wenn der Hund sich in seiner Jugend ungezwungen entwickeln, sich organisch festigen und ausreifen kann, wird er sein Wesen seiner Natur entsprechend bilden können und dann auch belastbar sein.

Beim Hovawart stellen wir eine große Freude bei der Ausbildungsarbeit fest, wenn wir ihn nicht zu sehr unter Druck setzen. Wir legen großen Wert darauf, ihm diese Arbeitsfreude, diese Freude, für seinen Herrn etwas tun zu dürfen, zu erhalten. Wir wollen nicht den Sklaven, den Hund unter Druck; wir wollen den Hund unter Freude; wir töten im Hund nicht seine selbstbewußte Eigenständigkeit, sondern respektieren sie und bringen die Anforderungen an einen brauchbaren Gebrauchshund mit den Bedürfnissen seines freien, eigenständigen hundlichen Wesens auf einer mittleren Ebene zu einem beglückenden Gleichklang zwischen Herrn und Hund.

Die Prüfungsordnungen

Begleithundprüfung

Um das soeben dargestellte Grundsätzliche der Ausbildung in geordnete Bahnen zu bringen, sind im Gebrauchshundewesen Prüfungsordnungen für bestimmte Ausbildungsziele und unterschiedliche Schwierigkeitsgrade erstellt worden. Diese Prüfungsordnungen werden von der AZG herausgegeben, das heißt, „Die Arbeitsgemeinschaft von Zuchtvereinen und Gebrauchshundvereinen". Man kann jedem Welpenkäufer und Neuling als Hovawartbesitzer dringend empfehlen, sofort dem Rassezuchtverein für Hovawarthunde e. V. Rechtssitz Coburg als Mitglied beizutreten, am besten schon durch Vermittlung des Züchters. Hier werden die klarsten und vernünftigsten und anerkanntesten Zuchtgrundsätze für den Hovawart vertreten.

Wie aus dem Kapitel über die Entstehungsgeschichte des Hovawarts ersichtlich ist, sind nach dem Krieg einige kleine Hovawartvereine übriggeblieben, die dem RZV für Hovawarthunde e. V. Rechtssitz Coburg, der als einziger 1948 vom VDH aufgenommen wurde, nicht beigetreten sind. Ihr Hauptargument war, daß sie die erfolgreiche Ablegung von Schutzhundprüfungen als Grundlage für die Zucht wesensfester Hovawarte nicht anerkannten, weil sie meinten, abgelegte Prüfungen würden sich nicht vererben. Etwas Dümmeres konnte man aber dem RZV-Coburg nicht unterstellen; niemals ist von Vertretern des RZV eine derart absurde Ansicht vertreten worden. Wahr ist aber, daß eine abgelegte Prüfung Rückschlüsse zuläßt auf die gute Veranlagung des Prüflings und auf die Fähigkeit, die geforderte Leistung zu erbringen, und diese Fähigkeiten vererben sich, und der Beweis durch die erbrachte Leistung ist für die Zucht wichtig. Das ist mit den Schulkindern genauso. Hochbegabte Schüler brauchen doch auch eine Ausbildung und bestandene Prüfungen als Nachweis ihrer Begabung.

Die Prüfungsordnung für verkehrssichere Begleithunde, kurz Begleithundprüfung genannt, wird in zwei Abteilungen unterteilt:

XIII   „Cleo v. Ritterhaus"

1. Unterordnungsübungen auf einem Übungsplatz oder freien Gelände.
2. Verkehrssicherheitsprüfung im Straßenverkehr.

Prüfungsordnungen werden von Zeit zu Zeit in einzelnen Punkten geändert, um gemachte Erfahrungen einzubauen. Die Grundelemente der einzelnen Übungen bleiben aber immer gleich, so daß es nicht nötig ist, geringe Änderungen nachzutragen. Wer Prüfungen ablegen will, muß seine Übungen aber auf jeden Fall im Rahmen eines Vereins unter Anleitung des Übungsleiters ausführen, wo er jeweils die neuesten Ausführungsbestimmungen erfährt.

Unterordnungsübungen

Wenn der Hund hier einwandfreie Leistungen zeigt, wird er immer in der Hand des Hundeführers sein und auf ein- oder zweimaliges Rufen sofort sich zu seinem Frauchen oder Herrchen begeben, ohne sich durch irgend etwas ablenken zu lassen. Dies ist in dem heutigen immer weiter zunehmenden Verkehr besonders wichtig, weil der Hund sonst durch sein unkontrolliertes Hin- und Herlaufen Verkehrsunfälle verursachen kann, bei denen Menschen und auch der Hund selbst schwer verletzt werden oder gar zu Tode kommen können. Die Haftpflichtversicherung, die jeder schon bald nach dem Welpenkauf abschließen muß „wird wegen vernachlässigter Aufsichtspflicht des Hundehalters" die verursachten Schäden meist nicht voll übernehmen wollen.

Übung 1: Leinenführigkeit und Unbefangenheit

Die Übung beginnt mit der Grundstellung, d. h. der Hund sitzt an der linken Seite des HF (Hundeführer) bei locker durchhängender Leine. Auf das Hörzeichen „Fuß" geht der HF 40 Schritt geradeaus und wieder zurück, wobei ihm der Hund freudig folgen soll, indem er mit seinem Schulterblatt immer in Kniehöhe des HF bleiben soll und weder vor-, nach- oder seitlich laufen darf. Tut er dies doch, korrigiert man dies mit einem kurzen Leinenruck und dem Hörzeichen „Fuß" und lobt ihn sofort mit „So ist's brav!", wenn er auf den Leinedruck wieder dicht beim HF läuft.

Das Geradeauslaufen kann auch der Anfänger allein üben, ohne Hektik in aller Ruhe, aber korrekt, denn die exakte Leinenführigkeit erlaubt es dem HF, seinen Hund bei lockerer Leine ohne Anstrengung im Straßenverkehr zu führen.

Die Kehrtwendung nach den 40 Schritten Geradeauslaufen ist etwas schwierig und wird dem Anfänger meistens von einem Ausbilder gezeigt werden müssen. Aus dem Gehen heraus macht der HF vier kleine Schritte auf der Stelle, wobei er sich linksherum bewegt, bis er sich um 180 Grad gedreht hat und in die entgegengesetzte Richtung sieht. Während dieser Drehbewegung mit den vier kleinen Schritten auf der Stelle gibt der HF die Leine von der linken Hand in die rechte und führt den Hund in aller Ruhe hinter seinem Rücken herum, wobei nach Vollendung der Kehrtbewegung die rechte Hand des HF die Leine wieder in die linke Hand gibt, so daß der Hund wieder auf der linken Seite des HF ist. Nun laufen beide in der entgegengesetzten Richtung die 40 Schritt wieder zurück, bis der Hund sich wieder in der Grundstellung neben den HF setzt.

Die Übung 1 geht nun weiter, indem der HF wieder einen Geradeausgang macht und dabei nach einigen Schritten im gewöhnlichen Schritt einige Schritte im langsamen Tempo und anschließend einige Laufschritte zeigt. Dies geht alles zwanglos ineinander über. Während der gewöhnlichen Gangart auf der Geraden wird eine Rechts-, Links- und Kehrtwendung ausgeführt. Bei Abschluß der Übung 1 bleibt der HF stehen, und der Hund setzt sich ohne Kommando neben ihn. Nun geht der HF auf das Hörzeichen „Fuß" wieder los und geht auf Anordnung des Richters durch eine Gruppe von vier sich langsam bewegenden Personen. Innerhalb der Gruppe hält der HF einmal an, wobei sich der Hund neben ihn setzt.

Übung 2: Freifolgen

Auf Anordnung des Richters wird der Hund aus der Bewegung abgeleint, und der HF geht wieder durch die Personengruppe, wobei er wieder einmal anhält; die Leine hängt der HF sich während der Freifolge um die Schulter. Nun beginnt der HF von der Grundstellung aus wieder dieselben Gangarten und Wendungen wie bei der Leinenführigkeit. Der

Hund hat wieder dicht an der Seite des HF zu laufen und darf weder „hängen" noch vorlaufen. Während der Freifolge gibt ein Helfer zwei Schüsse ab; der Hund darf nicht schußscheu sein, sondern muß sich schußgleichgültig verhalten.

Übung 3: Hinsetzen und Sitzenbleiben

Von der Grundstellung aus geht der HF mit seinem frei neben ihm sitzenden Hund auf das Hörzeichen „Fuß!" ungefähr 10 bis 12 Schritt geradeaus. Auf das Hörzeichen „Sitz!" hat sich der Hund schnell hinzusetzen, während der HF noch etwa 20 Schritt weitergeht, ohne sich umzusehen. Nach ungefähr einer Minute kehrt der HF zu seinem Hund zurück und nimmt an dessen rechter Seite die Grundstellung ein. Bis zur Rückkehr des HF hat der Hund in ruhiger Sitzstellung zu verharren; Hinlegen, Aufstehen oder Nachfolgen sind fehlerhaft.

Wenn der Hund diese Sitzübung ganz sicher beherrscht, ist dies für seinen Besitzer ein sehr beruhigendes Gefühl. Es gibt im täglichen Umgang mit seinem Hund immer einmal Gelegenheiten, bei denen man seinen Hund für ein paar Schritte an einem bestimmten Ort lassen will, während der HF sich entfernt. Natürlich wird man seinen Hund nie auf größere Distanz oder für längere Zeit sich selbst überlassen. Man soll seinen Hund auch nie vor einem Geschäft sitzen lassen, während man selbst einen langen Einkauf erledigt, ohne daß man seinen Hund sehen kann. Der Hund kann von Kindern geneckt werden, Fremde können ihn entführen – leider wird immer wieder mal von solchen Zwischenfällen berichtet; also man muß seinen Hund immer unter Sichtkontrolle behalten; wenn durch den allein gelassenen Hund etwas passiert, ist der HF für die Folgen verantwortlich.

Übung 4: Ablegen in Verbindung mit Herankommen

Von der Grundstellung aus geht der HF mit seinem frei neben ihm sitzenden Hund auf das Hörzeichen „Fuß!" ungefähr 10 bis 12 Schritt geradeaus. Auf das Hörzeichen „Platz!" hat sich der Hund nun schnell hinzulegen, während der HF noch etwa 20 Schritt geradeaus geht, ohne sich

114

umzusehen und ohne weitere Einwirkungen auf den Hund. Jetzt bleibt der HF stehen, dreht sich um zum Hund und ruft ihn mit den Hörzeichen „Hier!" heran. In freudiger, flotter Gangart hat der Hund sich seinem HF zu nähern und sich dicht vor ihn zu setzen. Auf das Hörzeichen „Fuß!" hat sich der Hund dann, hinter dem Rücken des HF herumgehend, dicht an der linken Seite des HF hinzusetzen.

Natürlich wird der Anfängerhund nicht von Anfang an die ganze Distanz von 20 Schritt bei „Sitz" sitzen, und bei „Platz!" liegen bleiben. Der HF darf sich zur Kontrolle doch umsehen und geht anfangs nur 3 oder 4 Schritt geradeaus, gerade so weit, wie der Hund es verkraftet, daß Frauchen oder Herrchen ohne ihn weggeht. Wenn er dann einige Schritt das Kommando befolgt hat, wird er freudig gelobt „So ist's brav!" und bekommt auch einmal ein Stückchen Trockenfutter oder Hundekuchen als Belohnung. Jetzt wird die Distanz allmählich um 2 oder 3 Schritt verlängert, gerade so weit, wie er noch sitzt oder liegenbleibt.

Der HF muß auf alle Fälle seinen Ehrgeiz zügeln und diese Übungen an einem Tag nicht bis zur Erschöpfung fortsetzen. Wenn er anfangs jede Übung viermal wiederholt, ist das durchaus genug. Die psychische Belastbarkeit des Hundes ist ja unendlich geringer als diejenige des Menschen, der durch maximale Willensanstrengung seine Schwächemomente überspielen kann. Das kann der Hund nicht, und er erleidet bei Überforderung einen psychischen Kollaps und reagiert gar nicht mehr. Das darf man ihm nicht als Widersätzlichkeit auslegen und ihn nun mit einem gewissen Wutgefühl gerade besonders hart herannehmen, in der irrigen Meinung, man müsse sich auf alle Fälle dem Hund gegenüber durchsetzen. Man muß Rücksicht nehmen auf die psychischen Möglichkeiten des Hundes und darf ihm nicht die Freude verderben, mit Frauchen oder Herrchen etwas gemeinsam zu unternehmen. Wenn dem Hund das alles Spaß macht, wird er viel schneller die vollendete Übung erlernen, als wenn zu viel Zwang angewendet wird.

Man muß daher auch nach Beendigung jeder Übung die psychische Anspannung beim Hund wieder lösen, indem man mit ihm herumtollt, ein Spielbällchen wirft oder ähnliches. Eines Tages wird er die perfekte Ausführung beherrschen und wird durch sein vorbildliches Verhalten den Hundegegnern den Wind aus den Segeln nehmen.

Man sollte auch bei Spaziergängen außerhalb des Übungsplatzes einmal eine kurze Sitz- und Platzübung einschalten, was das Erlernte sehr festigt. Eine gute Methode ist auch, den Hund im Straßenverkehr vor dem Überqueren der Straße, kurz vor dem Bordstein „Sitz" machen zu lassen und dann erst über die Straße zu gehen.

Verkehrssicherheitsprüfung in praktischer Ausführung

Es werden hier die Übungen, die der Hund auf dem Übungsplatz gelernt hat, im Straßenverkehr angewendet. Es zeigt sich immer wieder, daß Hunde auf dem Übungsplatz Sitz-, Platz- und Herankommen-Übungen gut ausführen, im Straßenverkehr aber nicht. Das liegt daran, daß sich der Hund im Straßenverkehr freier fühlt, sich um andere interessante Dinge kümmern kann, während er auf dem Übungsplatz die Übungen routine- und gedächtnismäßig ausführt und die Aufsicht seines HF unmittelbarer erlebt. Deshalb müssen diese Übungen immer wieder auch im Straßenverkehr wiederholt werden, bis man den wirklich verkehrssicheren Hund hat.

Übung 1: Führigkeit und Verhalten im Straßenverkehr

Auf Anweisung des Richters geht der HF mit seinem angeleinten Hund einen angewiesenen Straßenabschnitt auf dem Gehweg. Der Richter folgt in einiger Entfernung. Der Hund soll an der linken Seite an lose hängender Leine – mit der Schulter wieder in Kniehöhe des Führers bleibend – willig folgen. Dem Fußgänger- und Fahrzeugverkehr gegenüber soll sich der Hund gleichgültig verhalten. Auf seinem Weg wird der Führer von einem vorbeilaufenden Passanten (Auftragsperson) geschnitten.

Kurze Zeit später überholt den Führer ein dicht von hinten vorbeifahrender Radfahrer (Auftragsperson). Im Vorbeifahren wird Klingelzeichen gegeben. Danach macht der HF kehrt, geht auf den nachfolgenden Richter zu, bleibt bei diesem stehen, begrüßt ihn mit Handschlag und unterhält sich mit ihm. Der Hund darf hierbei stehen, liegen oder sitzen, hat sich aber ruhig zu verhalten.

XIV   Abt. A: „Fährtenarbeit". Billi v. d. Laurentiuskapelle Sch-H-I sucht vor-
schriftsmäßig mit tiefer Nase.

Übung 2: *Verhalten des Hundes unter erschwerten Verkehrsverhältnissen*

Auf Anweisung des Richters bewegt sich der Führer mit seinem ange-leinten Hund inmitten stärkeren Passantenverkehrs. Der Führer hat zwischendurch zweimal zu halten. Beim ersten Mal hat sich der Hund auf Hörzeichen zu setzen, beim zweiten Mal hat der Hund auf das Hörzeichen „Platz" sich hinzulegen und liegenzubleiben.

Übung 3: *Verhalten des kurzfristig im Verkehr angeleint allein gelassenen Hundes. Verhalten gegenüber Tieren*

Auf Anweisung des Richters begeht der HF mit angeleintem Hund den Gehweg einer mäßig belebten Straße. Nach kurzer Strecke hält der HF an und befestigt die Führerleine an einem Zaun, Mauerring oder dergleichen. Er begibt sich dann für zwei Minuten außer Sicht des Hundes in ein Geschäft oder einen Hauseingang.

Der Hund darf stehen, sitzen oder liegen. Während der Abwesenheit des HF geht ein Passant (Auftragsperson) mit einem angeleinten Hund in einer seitlichen Entfernung von etwa fünf Schritten am Prüfungshund vorbei.

Der alleingelassene Hund soll sich während der Abwesenheit des Führers ruhig verhalten. Den vorgeführten Hund (keine Raufer verwenden) soll er ohne Angriffshandlung (starkes Zerren an der Leine, andauerndes Bellen) passieren lassen.

Übung 4: *Gehorsamsüberprüfung im Verkehr*

An geeigneter Stelle (Nebenstraße, wo auch sonst das Ableinen eines Hundes möglich und üblich ist) leint der Führer auf Anweisung des Richters seinen Hund ab und läßt ihn zwanglos und ohne weitere Einwirkung laufen. Auf Anweisung des Richters ruft der HF alsdann seinen Hund mit Namen und Hörzeichen „Hier!" zu sich heran und leint ihn an. Der Hund soll schnell zum Führer zurückkehren und sich willig anleinen lassen. Ein zwei- bis dreimaliges Hörzeichen ist erlaubt. Ob der Hund sich beim Anleinen vor den Führer setzt oder steht, bleibt dem HF überlassen.

Diese einzelnen Übungen der Begleithundprüfung klappen auf dem Übungsplatz bald sehr gut. Der Hund hat sich an den Ablauf bald gewöhnt und führt sie routinemäßig aus, wenn der Hundeführer sich dafür in Positur setzt. Man ist dann enttäuscht, wenn sich der Hund im Straßenverkehr oder beim Spaziergang nicht so programmäßig verhält. Deswegen müssen diese Übungen sehr oft wiederholt werden, bis sie der Hund als selbstverständlich empfindet und sie überall gleich ausführt.

Schutzhundprüfung

Nachdem der Hovawartanfänger mit seinem Hovawart die Grundausbildung in Form der Begleithundprüfung erfolgreich absolviert hat, wird bei vielen Mitgliedern der Wunsch entstehen, den Hund weiter auszubilden. Sie haben auf dem Übungsplatz die „alten Hasen" gesehen, wie sie ihre Hunde weiter ausgebildet haben, in der Unterordnung, in der Fährte und im Schutzdienst. Sie haben etwas von den Schutzhundprüfungen 1, 2 und 3 gehört, und zumindest wollen sie nun mit ihrem Champion die Sch-H-1 machen.

Man kann diese Bestrebungen der Hovawartbesitzer nur gutheißen und fördern. Durch die vielseitigere Ausbildung des Hundes in den Unterordnungsübungen kommen jetzt nach der Prüfungsordnung für die Schutzhundprüfung 1 – kurz Sch-H-1 genannt – noch die Nasenarbeit in Form einer Fährtensuche und der Schutzdienst hinzu. Den Hunden macht diese Ausbildung Spaß, und beim Hovawart ist die erfolgreiche Sch-H-1-Prüfung eines Zuchtpartners die Voraussetzung für Weiterzucht. Wie schon ausgeführt, sollen durch die abgelegten Prüfungen die guten Anlagen der Hunde erkannt und bei der Zucht weitervererbt werden. Die Sch-H1-Prüfung beginnt mit der

Abteilung A: Leistungen in der Fährtenarbeit

(Höchstpunktzahl 100, Hörzeichen „Such").

Die Einübung der Suche fällt vielen Anfängern schwer. Sie fangen zu ernsthaft schulmeisterlich an, den Hund zu veranlassen, die Nase auf den Boden zu nehmen, und erleben dann ein Nichtverstehen des Hundes, der nun trotz aller Bemühungen des HF die Nase nicht auf den Boden nimmt.

Dabei ist es sehr einfach, dem Hund klar zu machen, was wir von ihm wollen. Der Hund ist ja ein Nasentier und hat dauernd die Nase unten, um irgend etwas zu erschnüffeln. Wir brauchen uns also nur mit unserem Hörzeichen „Such!" einzuschalten, wenn der Hund, auf dem Hof, im Garten oder bei Beginn des Spazierganges auf der Straße sofort die Nase nach unten nimmt. Mit freudiger Stimme „Ja such, Arco, so ist's brav!" zu sagen und ihm in etwas gebückter Haltung zu folgen, und es wird ihm bald Spaß machen, und er wird diese Worte bald verknüpfen mit seinem neugierigen Herumschnüffeln. Das kann man zunächst öfter mal einschalten, ohne ihn aufdringlich zu dirigieren. Es muß immer etwas lustig sein für den Hund.

Bald kann man dann auch einmal in einer Entfernung von wenigen Metern ein Häppchen hingelegt haben, und nun freut sich der Hund besonders, daß er etwas gefunden hat. Beim nächsten Versuch legt man nichts hin, damit der Hund nicht nur auf die Häppchen festgelegt wird. Am anderen Tag wieder einmal ein Häppchen, und immer freudig die Hörzeichen „Ja, Arco, such, so ist's brav!" Dieses Geduldspiel wird bald Früchte tragen, und der Hund wird schon allein bei den Worten „Such, Arco, such!" die Nase auf den Boden nehmen und suchen. Nun wirft man ihm schnell ein Häppchen ein paar Schritte voraus, und Arco hat das Erfolgserlebnis, daß er durch seine tiefe Nase etwas gefunden hat. Dieses Spielchen wiederholt man immer wieder, bis es sicherer klappt, daß der Hund auf diese Hörzeichen auf Suche geht.

Wenn der Hund in der Familie außer seinem HF noch jemanden hat, mit dem er guten Kontakt hat und öfter spazierengeht – ein Kind zum Beispiel –, dann macht es dem Hund bald Spaß, seinen Liebling, der sich hinter einem Baum versteckt hat, auf die Worte „Arco, such Karlchen, Sabinchen!" oder dergleichen hin zu suchen. Findet er ihn dann, gibt es natürlich große Freude und ein Häppchen.

Die allmähliche Umstellung vom Häppchen auf irgendeinen Gegenstand, den der Hund schon kennt, ein Bällchen oder ein Hölzchen, ist dann nicht mehr so schwer. Findet er diese Gegenstände auf die ihm bekannten Hörzeichen, gibt es außerdem natürlich ein Belohnungshäppchen.

Allmählich wird auch die Entfernung zu den Gegenständen vergrößert, und der Hund ist richtig stolz, wenn er gefunden hat und tüchtig von Herrchen oder Frauchen gelobt wird. Man baut auf diese Art und Weise die Fährtenarbeit auf eine gerade Strecke mit einem Winkel nach rechts oder links auf, bis die für die Sch-H-1 vorgeschriebene Fährte mit 3 Schenkeln und zwei Winkeln entstanden ist.

Wenn das gut geklappt hat, daß der Hund mit tiefer Nase auf das Hörzeichen „Such Karlchen/Sabinchen usw." hin die Personen gefunden hat, dann sind wir schon bei der sogenannten Eigenfährte angelangt. Der Hund sucht jetzt nicht nur auf Hörzeichen eine bestimmte Person, sondern er sucht die Trittspur, die sein HF vor einigen Minuten gegangen ist, während er außer Sicht angebunden war. Er wird bei einem ihm bekannten Gegenstand verharren, worauf er das Kommando „Sitz!" oder „Platz!" bekommt. Der Hund verknüpft jetzt also nicht mehr das Hörzeichen mit einer Person, sondern er sucht die Fährte an sich, also die Trittverletzung des Bodens durch den Fährtenleger, zunächst seines HF, die Eigenfährte.

So geht das Einüben der Nasenarbeit, der Fährtensuche, Schritt für Schritt mit großer Geduld vor sich. Man darf auf keinen Fall zu früh anfangen, den Hund „auf die richtige Fährte" zu dirigieren, indem man ihn dauernd mit der Leine dahinzerrt, wo der HF glaubt, daß der Hund jetzt hingehen müßte. Wenn der Junghund gerade eine andere Richtung einschlägt, lasse man ihn, die Hauptsache ist, er hat die Nase unten und reagiert auf das Hörzeichen „Such!". Man darf dem Junghund auf keinen Fall die Freude am Suchen an sich verderben, denn die Nasenarbeit ist ja das eigentliche Element des Hundes, in dem er mit „Leib und Seele" sich engagiert. Für die Ausbildung des Hundes sind eben Einfühlsamkeit, Fingerspitzengefühl und der Wille, sich den physischen und psychischen Möglichkeiten des Hundes anzupassen, von wesentlicher Bedeutung.

Daß manche Hundesportler so Schwierigkeiten bei der Einübung der Fährtensuche haben, liegt daran, daß sie es versäumt haben, sich in die Schnüffelei des Welpen mit dem „Hörzeichen ‚Such, so ist's brav!'" „einzuschleichen", ganz egal, was er gerade erschnüffelt. Geht der Welpe oder Junghund auf dieses Hörzeichen hin mit der Nase auf den Boden, hat man schon gewonnenes Spiel; alles andere ergibt sich durch systematische Weiterentwicklung.

Wie soll nun der Hund später die Fährte ausarbeiten? Viele Hundesportler glauben, der Hund müßte „wie auf Schienen" laufen. Auch die Prüfungsordnung verordnet Punktabzug, wenn derHund seitlich zu sehr abweicht. Wissenschaftlich ist aber festgestellt worden, daß der Hund die Grenze des Geruchsfeldes absucht und sich dann wieder auf die Hauptfährte orientiert. Es dürfte also keinen Punktabzug für das seitliche Abweichen von bis zu zwanzig Metern, je nach Windverhältnissen, geben, wenn der Hund wieder auf die eigentliche Fährte zurückkommt und die abgelegten Gegenstände findet. Die Gegenstände kann der Hund entweder aufnehmen und damit zum Hundeführer kommen oder stehenbleiben oder sitzen, bis der Hundeführer herankommt und ihm den Gegenstand abnimmt. Der Hund kann die Gegenstände auch verweisen, indem er sich setzt, hinlegt oder stehenbleibt, ohne die Gegenstände in den Fang zu nehmen. Diese Einübung bringt sicherere Ergebnisse als das Aufnehmen.

Bei der Sch-H-2- und Sch-H-3-Prüfung sucht der Hund keine Eigenfährte mehr, sondern eine Fremdfährte, d. h. die Fährte wird nicht mehr vom eigenen HF sondern von einer fremden Person gelegt. Diese Umstellung ist nicht schwierig, weil der Hund nicht in erster Linie den Individual-Geruch des Fährtenlegers sucht. Der Fährtengeruch ist ein Mischgeruch, der sich aus der zerdrückten Erdkrume, den zerdrückten Gräsern und dem Individualgeruch des Fährtenlegers ergibt.

Der Hovawart hat eine besonders gute Nasenveranlagung, und ihm macht das Suchen von Fährten großen Spaß. Wenn er die Fährte richtig ausgearbeitet, die Gegenstände alle gefunden hat und vom HF ordentlich gelobt wird, sieht man ihm richtig an, daß er sich über seine eigene Leistung freut und stolz darauf ist. Es scheint hier doch ein echtes Bewußtwerden seiner eigenen Leistung beim Hund vorzuliegen.

Die Krone der Fährtensuche ist durch die sogenannte FH, die Fährtenhundprüfung, erreicht. Hier liegt die Fremdfährte 3 Stunden, ehe der Hund sie absuchen darf; sie ist 1000 bis 1400 Schritt lang, sie enthält 6 Winkel, es werden 4 Gegenstände auf verschiedenen Schenkeln abgelegt, und die Fährte wird dreimal von einer frischen Fährte durch einen anderen Fährtenleger an verschiedenen Punkten geschnitten. Der Hund erkennt die Unterschiede der zeitlich auseinanderliegenden Fährten und verfolgt nur die ältere Fährte, bei der er angesetzt worden ist.

Bei der FH erkennt man staunend die enorme Leistungsfähigkeit der Hundenase. Die FH-Prüfung abzulegen, ist eine Fleißarbeit. Wenn man dies viel mit den Hunden übt, werden die meisten Hunde diese schwierige Prüfung bestehen. Für den begeisterten Hundesportler ist die FH besonders interessant. Als Vorbedingung zur Ablegung der FH ist nur die bestandene Begleithundprüfung nötig. Wer mit seinem Hund im Schutzdienst nicht so recht weiterkommt, hat durch die Einübung der FH ein dankbares Gebiet des Hundesports.

Für den Besitzer der „Gebrauchshundrasse Hovawart" ist die Ausbildung seines Hundes bis zur Ablegung einer Schutzhundprüfung ein echtes Anliegen. Die Schutzhundprüfungen gliedern sich in die Abteilungen:

A Leistungen in der Fährtenarbeit
B Unterordnungsleistungen
C Schutzdienst

Die Leistungen in der Fährtenarbeit sind bereits ausgiebig behandelt worden. Die Unterordnungsleistungen 1 bis 4 sind bei der Begleithundprüfung ebenfalls dargestellt worden; sie sind bei der Sch-H-1-Prüfung etwa gleich. Bei der Sch-H-1-Prüfung kommen jetzt noch vier weitere Unterordnungsübungen hinzu.

Abteilung B: Unterordnungsleistungen

Übung 5: Bringen eines dem HF gehörenden Gegenstandes auf ebener Erde.

Der neben seinem HF frei sitzende Hund hat auf das einmalige Hörzeichen „Bring!" in schneller Gangart auf den vorher etwa 8 Schritt weit weggeworfenen Gegenstand oder ein kleines Bringholz zuzulaufen, diese sofort aufzunehmen und seinem HF in schneller Gangart zu bringen. Der Hund hat sich dicht vor seinen HF zu setzen und den Gegenstand so lange im Fang zu behalten, bis der HF ihm diesen nach kurzer Pause mit dem Hörzeichen „Aus!" abnimmt. Auf das Hörzeichen „Fuß!" hat sich der Hund schnell neben seinen HF zu setzen, der solange in Grundstellung verbleibt. Der Hund darf den Gegenstand nicht fallen lassen, nicht knautschen oder damit spielen, sonst erfolgt Punktabzug.

Bei der Einübung des Apportierens ist es auch zweckmäßig, die spielerische Bringfreude des Welpen auszunutzen. Man wirft irgend etwas weg und sagt „Bring!", wenn der Welpe nachrennt und den Gegenstand spielerisch aufnimmt. Er wird meistens damit weglaufen, weil sein Beutetrieb schon erwacht ist. Jetzt darf man ihm nicht nachlaufen, sondern im Gegenteil; man macht jetzt kehrt, ruft noch einmal „Bring!", dann kommt er wieder einige Schritt nach. Dabei läßt man es bewenden; nur nicht schulmäßig den Vorgang wiederholen; er verliert die Lust und rennt nicht mehr nach dem Gegenstand. Das schulmäßige Einüben kommt erst, wenn er groß ist; er hat aber schon den Vorgang mit dem Wort „Bring!" verknüpft.

Wenn der Hund 10 oder 12 Monate alt ist, kann man schon systematischer das Apportieren üben. Man teilt die Übung in einzelne Phasen auf. Man setzt sich zum Beispiel auf einen Stuhl und läßt den Hund vor sich „Sitz!" machen. Jetzt zeigt man ihm das Bringholz und sagt: „Bring!" Schnappt er danach, läßt man es ihm sofort. Läßt er es gleich wieder fallen, macht man dies noch drei- oder viermal, aber nicht öfter, sonst wird es für den jungen Hund schon zu viel Zwang und ist kein Spaß mehr. Wenn man dies nach ein oder zwei Tagen wiederholt, wird er es vielleicht nicht mehr fallenlassen, und er wird ordentlich gelobt.

11 Abt. B:
„Unterordnung".
Apportierübung.
Billi hat das Bringholz
apportiert, sitzt gut vor.

Hat der Hund dies so weit verknüpft, geht man nach einigen Tagen dazu über, dem Hund das Bringholz tiefer zu halten. Nimmt er es dann wieder schön, legt man es auf den Boden, und wenn er es jetzt wieder nimmt, hat man schon das schwierige Aufnehmen dem Hund beigebracht, mit viel Lob und Belohnungshäppchen – und nie zu lange geübt.

Jetzt wirft man es ein paar Schritt nach vorn, und meistens nimmt der Hund das Bringholz jetzt vom Boden auf.

Daß er nun auf das Hörzeichen „Hier!" mit dem Bringholz zum HF kommt, ist wieder eine weitere Phase der Apportierübung, die wieder schrittweise, auf kurze Distanz mit viel Geduld und auch nicht lange ausgedehnt, geübt werden muß. Nachdem man nun aber das Prinzip der Hundeausbildung – also Geduld, Freude, nicht zu viele Wiederholungen, viel Lob bei geringen Fortschritten und zum Abschluß mit ihm herumtollen – praktiziert hat, wird man sich bald alleine weiterhelfen und Fortschritte erzielen können.

Übung 6: Bringen eines dem Hundeführer gehörenden Gegenstandes im Freisprung über eine 1 m hohe und 1,50 m breite Hürde (Hörzeichen „Hopp!", „Bring!").

Mit dem Springenüben sollte man beim Hovawart nicht zu früh anfangen, damit die Gelenke nicht locker werden. Zweckmäßigerweise beginnt man erst mit einer geringen Höhe von etwa 60 cm und steigert erst nach und nach auf 80 cm und schließlich, wenn das gut klappt auf 1 m. Man kann die einzelnen Phasen nur im Hundesportverein unter Anleitung des Übungswartes dem Hund langsam beibringen.

Übung 7: Voraussenden mit Hinlegen

Auf Anweisung des Richters geht der HF mit seinem frei folgenden Hund einige Schritte geradeaus. Unter gleichzeitigem Erheben des Armes gibt er dem Hund das Hörzeichen „Voraus!" und bleibt nach einigen Schritten stehen. Der Hund hat sich in schneller Gangart mindestens 25 Schritt zu entfernen und auf das Hörzeichen „Platz!" sofort hinzulegen. Auf Anweisung des Richters holt der HF seinen Hund ab, indem er sich an dessen rechte Seite begibt und das Hörzeichen „Sitz!" gibt.

Dieses Sich-Entfernen von seinem Herrchen oder Frauchen fällt dem Hovawart in den meisten Fällen recht schwer. Die Bindung des Hundes an seinen HF ist so groß, daß er sich nicht gern von ihm entfernt. Man übt dies erst auf wenige Schritt Entfernung, wo man etwas dem Hund Vertrautes, wie seine Leine oder auch ein Häppchen hingelegt hat. Langsam wird die Entfernung vergrößert, aber die endgültige Distanz zu erreichen, wird schon einige Wochen erfordern.

Übung 8: Ablegen des Hundes unter Ablenkung

Vor Beginn der Unterordnungsleistungen eines anderen Hundes legt der HF seinen Hund in etwa 40 Schritt Entfernung ab und bleibt mit dem Rücken zu ihm stehen. Der Hund hat so lange ruhig liegen zu bleiben, bis der andere Hund die Übungen 1 bis 6 vorgeführt hat. Nach der Übung 6 wird der abgelegte Hund abgeholt.

Auch diese Übung muß einige Wochen geübt werden, bis der endgültige Erfolg erreicht ist. Die Neigung des Hundes, aufzustehen und zu seinem HF zu kommen, ist dem Hund nicht so leicht abzugewöhnen. Aber Hundesport soll ja eine dauernde sportliche Betätigung für den Hund und seinen HF sein, und mit Geduld erreicht man auch hier bald den Erfolg.

Mit diesen 8 Unterordnungsübungen ist die Abteilung B der Sch-H-1-Ausbildung erfüllt, und es soll noch kurz die Abteilung C – der Schutzdienst – dargelegt werden.

Abteilung C: Schutzdienst

Bewertung: Stellen und Verbellen 3/2 =   5 Punkte
          Überfall: 35 Punkte
          Verfolgen und Stellen: 60 Punkte

Der Helfer muß in einer Entfernung von vierzig Schritt in einem Versteck so gestellt werden, daß dem Hund mindestens ein Seitenschlag nach rechts oder links möglich ist. Auf Anweisung des Richters läßt der HF seinen Hund auf die Hörzeichen „Voran!" oder „Revier!" und „Hier!" nach dem Helfer stöbern. Sobald der Hund den Helfer erreicht hat, hat er ihn, ohne zu fassen, zu verbellen. Der Hundeführer bleibt in etwa 25 Schritt Entfernung stehen. Wenn der Hund anhaltend verbellt hat, holt der HF auf Anweisung des Richters seinen Hund ab. HF und Hund verlassen den Platz und gehen in Deckung.

Der Helfer wird nun in ein neues, wenigstens 50 Schritt vom Ausgangspunkt des HF entferntes Versteck eingewiesen. Auf Anweisung des Richters geht der Hundeführer mit seinem angeleinten Hund etwa 25 Schritt in Richtung des Versteckes, leint seinen Hund aus der Bewegung ab und legt den Rest der Strecke mit frei bei Fuß folgendem Hund zurück. Der HF wird von dem plötzlich aus seinem Versteck hervortretenden Helfer von vorn angegriffen. Der Hund muß sofort den Helfer angreifen und fest fassen. Hierbei erhält der Hund von dem Helfer mit einem biegsamen, lederumwickelten Stock zwei Schläge, entweder auf Keulen, Seitenteile oder den Bereich des Widerristes. Die Ermunterung durch Hörzeichen „So ist's brav!" ist erlaubt. Auf Anweisung des Richters stellt der Helfer den Angriff ein. Der Hund hat auf das Hörzeichen „Aus!" abzulassen. Nachdem der Überfall gezeigt wurde, hält der HF den Hund am Halsband fest. Der Helfer läuft in gerader Richtung unter drohenden Bewegungen fort. Nach einer Entfernung von etwa 50 Schritt schickt der HF den Hund nach und bleibt stehen.

Wenn der Hund noch etwa dreißig Schritt entfernt ist, macht der Helfer eine Kehrtwendung und läuft mit drohenden Bewegungen und Vertreibungslauten dem Hund entgegen, ohne ihn zu schlagen. Hat der Hund gefaßt, muß der Helfer die Gegenwehr einstellen. Darauf hat der Hund auf das Hörzeichen „Aus!" abzulassen.

Der HF bleibt nun noch etwa eine halbe Minute still stehen, ohne auf den Hund einzuwirken. Auf Anweisung des Richters hat sich der HF dem Hund und Helfer schnell zu nähern und die Entwaffnung vorzunehmen. Es folgt ein Seitentransport zum Richter. Der HF geht mit seinem angeleinten Hund vom Platz.

Hat der Hund gefaßt, läßt aber trotz Hörzeichen „Aus!" nicht ab, begibt sich der HF in schneller Gangart zum Hund und holt ihn ab.

Nur der energisch angreifende und hart zufassende Hund, der auf einmaliges Hörzeichen „Aus!" ausläßt, kann voll bewertet werden.

Als zu Anfang dieses Jahrhunderts einige Hunderassen zu Diensthundrassen erklärt und im Polizeidienst eingesetzt wurden, war man von dem Gedanken, daß der kräftig zubeißende Hund den Menschen in der Not verteidigen und den Gegner kampfunfähig machen könnte, fasziniert. Es wurde dann immer wieder die Frage diskutiert, ob der Hund

12 Abt. C: „Schutzdienst". Billi verteidigt ihr Herrchen gegen den Angreifer.

den Schlägen des Gegners ausweichen darf, oder ob man den stockfesten Hund erlangen soll, der die Schläge des Gegners ignoriert und nicht ausläßt. Man entschied sich für den stockfesten Hund.

Dies ist absurd, denn man kann die Formel aufstellen: stockfester Hund = toter Hund. Wenn jemand etwas von der Kampfesart solcher Hunde versteht, kann er den stockfesten Hund ohne Schwierigkeit mit einem harten Gegenstand totschlagen. Aber nur der lebende Hund kann seinem Besitzer im Ernstfall bei einem Überfall helfen, auch wenn er nicht so todesmutig zubeißt.

Mein eigenes Erlebnis Anfang dieses Jahres hat mir dies wieder sehr klar vor Augen geführt. Ich ging bei meinem täglichen Spaziergang schräg über die Wiese eines Parks und ließ meine beiden Hündinnen frei laufen. Am Rande des Parks stand ein Mann mit einem nach meiner Ansicht etwas kleinen Boxer. Ich rief ihn an, ob dies ein Rüde sei, was er bejahte, und ich sagte, er solle ihn ableinen, er würde gerne mit meinen Hündinnen spielen.

Er tat dies auch, und zunächst ging alles gut. Als ich ihm sagte, der Boxer sei ja ein bißchen klein, meinte er, dies sei ein Pitbullterrier. Ich nahm meine Hovawarthündin wieder an die Leine und ging weiter; als ich mich umdrehte, kam der Pitbull wie eine Rakete angeschossen und packte meine Hovawarthündin voll an der Kehle. Ich rief, er solle seinen Hund zurückziehen, aber er meinte: „Der läßt nicht mehr los." In panischer Angst um meinen Hund zog ich an kurzgefaßter Leine mit der linken Hand den Kopf meines Hundes nach unten, worauf der Kopf des Pitbull nach oben kam. Jetzt schlug ich mit meinem Spazierstock mit aller Kraft dem Pitbull viermal quer über den Nasenrücken; erst beim vierten Schlag öffnete er langsam den Fang, und ich konnte meinen Hund zurückziehen; groggy torkelte der Pitbull zurück und wurde von dem fassungslosen Besitzer an die Leine genommen und schnell zu seinem Wagen am Straßenrand geführt, und weg war er. Wäre mein Spazierstock kräftiger gewesen, wäre der Pitbull tot gewesen.

Die allgemeingültige Lehre aus diesem persönlichen Erlebnis ist aber, daß bei der Ausbildung im Schutzdienst der stockfeste Hund nicht verlangt werden sollte. Die AZG sollte die Prüfungsordnung in diesem Punkte abändern und eine realistischere Methode einführen. Mein Hund hatte, welch ein Wunder, keine Verletzung dank seiner dicken Unterwolle und des Metallhalsbandes.

Mit der Abhandlung der Sch-H-1-Prüfung ist das Ausbildungswesen genügend dargestellt worden. Die Sch-H-2- und Sch-H-3-Prüfungen bringen zwar Steigerungen in den Leistungen, aber der Hund, der die Sch-H-1-Prüfung einwandfrei besteht, wird meistens bei systematischer Weiterausbildung auch diese Prüfungen bestehen. Auf alle Fälle macht den Hovawarten der systematische Hundesport viel Spaß, und man kann ihn den Hovawartbesitzern auch für sie selbst sehr empfehlen.

Der Turnierhundsport

Seit dem 1. 1. 1993 ist eine Turnierhundsport-Turnierordnung vom VDH herausgegeben worden. Der Turnierhundsport ist eine glückliche Erweiterung der Bewegungsmöglichkeiten für unsere Hunde. Er ist eine Bereicherung des Hundesports vor allem für die Hunde, die an den strengen Übungen der Schutzhundprüfungen kein Interesse haben. Sehr vielseitig sind die Übungen im Turnierhundsport. Im „Vierkampf" gibt es 1. Gehorsamsübungen, 2. Hürdenlauf, 3. Slalomlauf, 4. Hindernislauf. Es gibt im „Geländelauf mit dem Hund" erstens die 2000-m-Laufstrecke, zweitens die 5000-m-Laufstrecke. Viele Wettkampfmöglichkeiten werden geboten, unter anderem „Mannschaftswettkämpfe". Das Zulassungsalter der Hunde beträgt 12 Monate. Es werden unterschiedliche Übungsabläufe für Hunde mit über 50 cm Schulterhöhe und für Hunde mit unter 50 cm Schulterhöhe angeboten. Es gibt viele unterschiedliche Turnierveranstaltungen, zum Teil in Verbindung mit Schutzhundprüfungen. Die Teilnahme an Turniersporthund-Übungen und -Veranstaltungen ist nur im Rahmen eines Hundesportvereins möglich, weil die vielfältigen Organisationsformen zu kompliziert sind.

Der Hovawart-RZV Coburg hat sich mit Begeisterung dieser neuen Möglichkeiten für den Bewegungssport der Hundehalter mit ihren Hunden angenommen und der Turniersporthundbetrieb erfreut sich steigender Beliebtheit.

Die Gesundheit des Hovawarts

Die Grundlage für eine gute Gesundheit wird bereits bei den Welpen vom ersten Tag an, also beim Züchter, gelegt. Die Züchter des RZV sind so gut durch den Zuchtleiter und die Zuchtwarte des RZV ausgebildet, daß sie alles wissen, was die moderne Wissenschaft über Ernährungsfragen und die Aufzucht von Welpen heute anbieten kann. Trotz bester Ernährung und Aufzucht gibt es immer wieder Erkrankungen, wie von Zeit zu Zeit bei allen Lebewesen. Hierzu gehören in erster Linie Erkrankungen des Magen-Darmgebietes, also Verstopfung und Durchfall.

Die **Verstopfung** kommt verhältnismäßig selten vor und beruht meistens auf falscher Ernährung. Wenn ein Hund zu viel Knochen bekommt, ist Verstopfung die Folge. Auch zu viel Trockenfutter und dabei zu wenig Flüssigkeit – oft wird eben vergessen, daß der Hund immer seinen gefüllten Wassernapf vorfinden muß – kann zu Verstopfungen führen. Ein einfaches, bewährtes Hausmittel gegen Verstopfung ist die Fütterung von ungekochter Rinderleber. Wenn dies nach zwei Tagen nicht hilft, muß man den Tierarzt konsultieren. Langanhaltende Verstopfung ist sehr quälend für einen Hund und kann Folgekrankheiten verursachen.

Der **Durchfall** kann sehr viele Ursachen haben. Die Ernährung spielt auch hier die Hauptrolle. Wenn das Futter zu kalt oder auch zu heiß ist, kann dies zu Durchfällen führen. Wenn falsches Futter, wie rohe Leber, Milz oder Lunge, gegeben wird oder bei der Unsitte, dem Hund gewürzte Essensreste des Menschen zu geben, kommt es leicht zu Durchfällen. Auch Milch sollte der Hund nicht bekommen, höchstens in starker Verdünnung, und das auch nur selten.

Dieser alimentär bedingte Durchfall ist auch leicht zu beherrschen; man läßt zuerst einmal die Nahrungsmittel weg, die wahrscheinlich zum Durchfall geführt haben. Als bewährtes Hausmittel gibt man dann einen Tag gekochte Kalbsknochen. Auch Karottensaft und geriebenen Apfel kann man als Hausmittel geben. Einen Tag oder auch zwei Tage kann man den Hund hungern lassen, und man wird Erfolg haben, wenn es sich um einen harmlosen Durchfall handelt.

Bei Durchfall muß der Hund gegen den Flüssigkeitsverlust viel Wasser trinken. Man kann auch dünnen schwarzen Tee geben, aber manche Hunde nehmen ihn nicht an.

Wenn man nach drei bis vier Tagen mit den Hausmitteln den Durchfall nicht stoppen konnte, muß man zum Tierarzt gehen.

Es gibt eine Reihe von Durchfallerkrankungen, die durch Bakterien oder Viren verursacht werden. Hier sind die Staupe und Parvovirose zu nennen, auch die Aujetzkische Krankheit, die durch Viren im Schweinefleisch entsteht und für den Hund tödlich ist, für den Menschen aber ungefährlich. Am besten man füttert überhaupt kein Schweinefleisch, zumindest aber nur lange gekochtes. Die virus- oder bakteriell bedingten Durchfallerkrankungen schwächen den Hund sehr, er ist apathisch und müde, hat trübe Augen und manchmal Blut im Stuhl. Wenn solche Erscheinungen sich schon bald zeigen, dann muß man sofort zum Tierarzt gehen. Ein Fieberthermometer für Hunde sollte jeder Hundehalter besitzen. Häufig ist die Temperatur, die normalerweise zwischen 38° und 39° liegt, erhöht. Das Fieber wird im After gemessen, und das Thermometer mit Vaseline gleitend gemacht.

Die **Hüftgelenksdysplasie** wurde schon erwähnt. Sie ist beim Hovawart durch konsequente Zucht nur mit röntgenologisch HD-freien Hunden, sehr weit zurückgedrängt. Jedoch gibt es hin und wieder noch Fälle mit mittlerer oder schwerer HD. Wenn der Hund starke Schmerzen hat, muß er täglich Schmerztabletten bekommen. Neuerdings wird die Einfügung eines künstlichen Hüftgelenkes mit gutem Erfolg angewendet. Es ist für mich aber doch eine große Genugtuung, zu erleben, daß mein energisches und erfolgreiches Eintreten auf der RZV-Hauptversammlung 1964, nur mit röntgenologisch HD-freien Hovawarten zu züchten, einen so überzeugenden Erfolg gebracht hat, daß heute die Statistik nur noch einen Befall von 0 Prozent schwerer HD aufweist, während der Prozentsatz von mittlerer und leichter HD auch nur gering ist. Daß dieser Erfolg von anderen Rassezuchtvereinen geneidet wird, muß der Hovawart-RZV Coburg mit stoischer Überlegenheit ertragen.

Der **Nabelbruch** ist bei Hovawartwelpen gar nicht so selten. Er beruht meistens auf einer Bindegewebsschwäche, läßt sich aber gut operativ beseitigen.

Die **Magendrehung** wurde auch schon im Kapitel Fütterung erwähnt. Wurmerkrankungen spielen kaum noch eine Rolle. Die Welpen werden ja mehrmals gegen Spulwürmer entwurmt. Durch die Schutzimpfungen des Welpen gibt es auch keine Fälle von Staupe, Leptospirose, Parvovirose und Tollwut mehr.

Ein trübes Kapitel sind die **Zecken** – volkstümlich Holzbock genannt – für die Hunde. Es liest sich in Ärzte- und anderen Zeitschriften immer so leicht, man nehme eine Pinzette, greife die Zecke dicht an der Haut und drehe sie heraus. Wenn der Hund schön still hält, geht das auch.

Von meinen zwei Hündinnen wird die ältere sehr ängstlich, wenn ich mit einer Pinzette auf ihrem Rücken oder Brust eine Zecke entfernen will; sie duckt sich weg und verkriecht sich irgendwo unter einem Tisch. Wenn ich sie abgelenkt habe, bleibt später nichts anderes übrig, als die Zecke mit den Fingernägeln zwischen Daumen und Zeigefinger dicht über der Haut zu fassen und vorsichtig mit einer Drehbewegung zu entfernen. Meist gelingt das gut, manchmal zerquetscht man sie doch und hat Blut an den Fingern. Auch wenn man keine Wunde an den Fingern hat und das Blut gleich mit kaltem Wasser abwäscht, hat man ein ungemütliches Gefühl, ob die Zecke nicht Bakterien- oder Virusträger war.

Die andere Hündin ist so quirlig, daß sie sich dauernd dreht, sich abduckt, auf die Seite oder den Rücken legt, so daß man weder mit einer Pinzette noch kaum mit den Fingernägeln die Zecke fassen kann. Man muß dieser Hündin das Halsband umlegen und energisch festhalten, um zum Ziel zu kommen. Zur genauen Information der Abdruck aus dem Ärzteblatt:

Hirnhautentzündung nach Zeckenstich:
Die Frühsommer-Hirnhautentzündung

Die Frühsommer-Hirnhautentzündung (Frühsommer-Meningoenzephalitis – FSME) ist eine infektiöse Erkrankung, die auch auf das Gehirn übergreifen kann. Ihr Erreger, ein Virus, wird hauptsächlich durch Zeckenstiche übertragen. Der Name Frühsommer-Hirnhautentzündung geht auf die besondere jahreszeitliche Häufung der Erkrankung im Frühsommer zurück.
Im allgemeinen wird die FSME von April bis Dezember beobachtet.

Ein Zeckenstich und seine möglichen Folgen	Nachdem der Erreger durch den Zeckenstich übertragen wurde, kann sich ein zweiphasiger Krankheitsverlauf entwickeln:

134

2–28 Tage nach dem Zeckenstich kommt es als Folge der Virusvermehrung zu einer grippeartigen Erkrankung. Diese ist uncharakteristisch und von Fieber, Kopf-, Kreuz- und Gliederschmerzen begleitet. Die erste Phase dauert meist 1–8 Tage. Damit kann die Krankheit überstanden sein, oder es beginnt die zweite Phase. Nach 1–20 Tagen ohne Fieber treten plötzlich heftige Kopf- und Nackenschmerzen, Fieber bis 40 °C und Nackensteifigkeit ein. In schweren Fällen kommt es zu Lähmungen der Augen-, Gesichts- und Blasenmuskulatur sowie der Extremitäten. Je älter der Erkrankte ist, desto schwerer verläuft in der Regel die Erkrankung. Kinder und Jugendliche trifft es meist weniger schwer, jedoch wurden auch in diesen Altersgruppen schwere Verläufe beobachtet.

Zwei Drittel der Infizierten zeigen keine Zeichen der Erkrankung oder machen nur die erste Phase durch. Ein Drittel gelangt in die zweite Phase, bei 5 bis 18 % aller Erkrankten kommt es zu einem schweren Verlauf. Bis zu 2 % der Erkrankten sterben.

Originalgröße: 2–3 mm

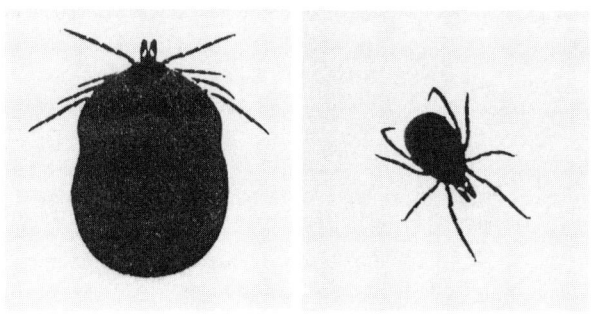

Weibchen   Männchen

13   Der Gemeine Holzbock oder Zecke.

Erreger und Überträger der Frühsommer-Hirnhautentzündung	Das FSME-Virus wird in Mitteleuropa ausschließlich von Zecken beim Saugen übertragen. Die Zecke oder der Holzbock (lat. Ixodes ricinus) ist ein weit verbreiteter Parasit der im Wald lebenden Wirbeltiere. Die Zecke nimmt das FSME-Virus beim Saugen an einem Wirtstier auf und bleibt dann ihr ganzes Leben lang infektiös.
Wo muß man mit infektiösen Zecken rechnen?	Die bisher bekannten FSME-Gebiete liegen in der Regel an Waldrändern mit angrenzenden Wiesen, in Waldlichtungen, Bach- und Flußauen, Schonungen mit Unterholz und Hecken, Übergängen von Laub- zu Nadel- und Hoch- zu Niederwald. Betroffen sind auch Wälder mit Eichen, Hainbuchen und Mischwälder aus Buchen und Tannen, die eine gut entwickelte Krautschicht (Farne usw.) aufweisen. Häufig befinden sich Infektionsorte auch an wärmeren Südhanglagen.
Jede zwanzigste bis fünfhundertste Zecke kann infektiös sein	In Mitteleuropa ist in den bekannten FSME-Gebieten etwa jede zwanzigste bis fünfhundertste Zecke infektiös. Dieser Anteil schwankt von Gebiet zu Gebiet.
Der gefährdete Personenkreis	Gefährdet sind alle nicht immunen Personen, die Gebiete mit infektiösen Zecken betreten, insbesondere Jäger, Forstarbeiter, Wanderer, Pilzsucher usw. Aber auch Spaziergänger, die sich relativ kurz im Wald aufhalten, sind betroffen.
Krankenhausaufenthalt bei schweren Fällen	Bei schweren Verläufen ist die Aufnahme in eine Intensivstation erforderlich. Die Intensivbehandlung dauert meist 2 Wochen. Der Aufenthalt im Krankenhaus beläuft sich durchschnittlich auf 4 Wochen, kann jedoch in Extremfällen fast ein Jahr betragen.
Schutzmaßnahmen	Gegen den Befall mit Zecken kann man durch eine vollkommen geschlossene Bekleidung vorbeugen. Das wird jedoch vor allem in der warmen Jahreszeit von den Betroffenen als lästig empfunden. Einfacher und wirksamer kann man sich gegen die FSME durch Impfung (aktive Immunisierung) oder durch Zuführen der Antikörper von außen mit einem Immunglobulin-Präparat (passive Immunisierung) schützen.

136

Krankenhaus-aufenthalt bei schweren Fällen	Bei schweren Verläufen ist die Aufnahme in eine Intensivstation erforderlich. Die Intensivbehandlung dauert meist 2 Wochen. Der Aufenthalt im Krankenhaus beläuft sich durchschnittlich auf 4 Wochen, kann jedoch in Extremfällen fast ein Jahr betragen.
Schutz-maßnahmen	Gegen den Befall mit Zecken kann man durch eine vollkommen geschlossene Bekleidung vorbeugen. Das wird jedoch vor allem in der warmen Jahreszeit von den Betroffenen als lästig empfunden. Einfacher und wirksamer kann man sich gegen die FSME durch Impfung (aktive Immunisierung) oder durch Zuführen der Antikörper von außen mit einem Immunglobulin-Präparat (passive Immunisierung) schützen.
Schutz für ca. 3 Jahre durch die aktive Immunisierung mit einem Impfstoff	Der Schutz wird durch drei Teilimpfungen erreicht: Die erste Impfung bietet zu 70 % Schutz, die zweite (2 Wochen bis 3 Monate nach der ersten) ergibt 95 %igen Schutz, und nach der dritten (9 Monate nach der zweiten) besteht ein fast 100 %iger Schutz für 3 Jahre.
Auffrischungs-impfung nach drei Jahren	Durch eine Dosis kann der Impfschutz um mindestens 3 weitere Jahre verlängert werden.
Der Impfstoff	Der FSME-Impfstoff ist ausgezeichnet verträglich und von hoher Wirksamkeit. Bei mehr als 3 Millionen Impfungen ergaben sich nur in sehr wenigen Fällen geringe Nebenwirkungen.
Kurzfristigen Sofortschutz bietet ein Immunglobulin	Wenn nicht genügend Zeit für die Impfung bleibt oder diese nicht möglich ist, kann ein Immunglobulin verabreicht werden. Die Schutzwirkung tritt bereits 24 Stunden nach der Injektion ein, hält allerdings nur ca. 4 Wochen an. Aus diesem Grund und wegen der höheren Schutzwirkung sollte die aktive Immunisierung mit Impfstoff vorgezogen werden.
Prophylaxe nach Zeckenstich	Das Immunglobulin kann auch noch gegeben werden, wenn bereits ein Zeckenstich erfolgt ist, jedoch nur bis zum einschließlich 4. Tag.

Wie man eine **Zecke entfernt**	Um die Zecke zu entfernen dreht man sie mit einer Pinzette aus der Haut heraus. Bleibt dabei ein Teil der Zecke in der Haut zurück, sollte es vom Arzt entfernt werden.
Weitere **Auskünfte**	Für weitere Auskünfte wenden Sie sich an Ihren Arzt oder Apotheker bzw. das Gesundheitsamt.

Es gibt noch eine andere Krankheit, die durch Zeckenbiß entsteht. Das ist die **„Lyme-Borreliose-Krankheit"**. Hiergegen gibt es keine Schutzimpfung; es ist keine Viruserkrankung, sondern eine bakterielle. Es gibt eine Therapie mit Antibiotika-Tetrazyklinen. Die Symptome der Lyme-Krankheit sind einige Tage bis 5 Wochen nach dem Zeckenbiß das Erythema chronicum migrans, eine sich ausbreitende Rötung der Haut bis zu 50 cm Durchmesser, die in der Mitte heller wird. Schmerzen, Brennen oder Jucken sind gelegentlich, aber nicht immer damit verbunden. Spätere Symptome sind Gelenk- und Nervenentzündungen.

Ganz klar und vollständig werden die Zeckenerscheinungen in den Ärzte- und anderen Zeitschriften immer noch nicht dargestellt. Ich habe bei meinen Hündinnen in den letzten Jahren schon dreimal eine Invasion von stecknadelkopfgroßen, gewölbten, grau-blauen oder schwärzlichen Zecken erlebt, die den Hunden erheblichen Juckreiz verursachen. Weil man das Kratzen und Mit-den-Zähnen-Knabbern an allen Körperteilen, besonders auch an den Pfoten zwischen den Zehen, schon gar nicht mehr mitansehen kann, geht man nach einigen Tagen zum Tierarzt. Hier erfährt man, daß es sich um „Nymphen" handelt, also eine Zwischenstufe auf dem Wege zur Zeckenbildung. Das verordnete Medikament „Asuntol-Puder 1 %" hat nur mäßigen Erfolg gebracht; es ist zu schwierig, den Puder an alle Körperstellen heranzubringen, weil man Angst hat, der Puder könnte auch in die Augen kommen. Das Medikament wird nur in einer großen Dose angeboten, und man kann es daraus nicht gezielt anbringen. Während ich bei der vierten „Nymphen-Invasion" Anfang November 1991 in Gedanken mit der „Veterinärpharmazie" haderte, daß sie immer noch kein 100prozentig wirksames, für den Hund und den Behandler aber ungefährliches und leicht anwendbares Mittel herausgebracht hatte, tat sich am düsteren Zeckenhorizont ein Lichtstrahl der Hoffnung auf. Nachdem ich 3 Tage täglich bis zu 200 Nymphen und erwachsene Zecken von den Wänden, Fußböden und den Liegedecken der beiden Räume, in denen sich die Hunde hauptsächlich nachts aufhiel-

XV „Cleo v. Ritterhaus", sm-Hovawart, Kopfstudie

ten, mit dem Staubsauger aufgesaugt hatte und den Hunden auch aus dem Fell noch per Hand 30 bis 50 Stück entfernt hatte, alarmierte ich wieder meinen Tierarzt. Er verwies mich an den Direktor des „Instituts für Parasitologie der Freien Universität Berlin", Herrn Professor Dr. Schein, der sich speziell mit der Bekämpfung von Zecken befaßt. Bei meinem Besuch im Institut erklärte mir Herr Professor Schein, daß ich die Zecken aus südlichen Ländern mitgebracht hätte, denn diese Art würde nur in feuchtwarmen Klimazonen existieren. Mir fiel ein, daß ich tatsächlich mit meinen Hunden drei Jahre zuvor an der Côte d'Azur gewesen war und daß einige Wochen später, wieder in Deutschland, die erste „Zecken-Invasion" in meiner Wohnung ausbrach. Herr Prof. Schein gab mir zwei Zeckenhalsbänder und eine Spraylösung mit, die noch nicht im Handel erhältlich sind. Der Erfolg war nach meinen bedrückenden Erfahrungen beeindruckend. Der quälende Juckreiz ließ täglich immer mehr nach und hörte nach einigen Tagen durch die Wirkung der Halsbänder ganz auf. Die in den Zimmern ausgesprühte Lösung wirkte 100prozentig, am nächsten Tag lagen tote Nymphen und Adulte (erwachsene Zecken) auf den Decken und Fußböden herum und brauchten nur noch aufgesaugt zu werden. Der Erfolg war dauerhaft. Hoffentlich gibt es diese Heilmittel bald im Handel. Nach neuesten wissenschaftlichen Erkenntnissen überträgt jede dritte Zecke die Borreliose.

Ein durchschlagender Erfolg im Kampf gegen die Zecken ist aber jetzt zu verzeichnen, seit es das „Koltiks-Zeckenhalsband" im Handel gibt und zwar auf tierärztliches Rezept in Apotheken. Seitdem ich dieses Halsband benutze, habe ich keinen Zeckenbefall bei meinen Hunden mehr gehabt.

Krankheiten, die die Lebenserwartungen des Hovawart erheblich mindern, sind die **Tumoren,** wenn sie zu spät bemerkt werden und nicht rechtzeitig operiert werden können; es handelt sich hier meistens um Krebs an den verschiedensten Organen.

Auch auf Kreislauferkrankungen sollte man sein Augenmerk richten.

Der Rassestandard

Wie Hunderassen im Detail aussehen sollen, wird durch den „Rasse-standard" genau festgelegt. Für die Hovawartrasse sieht der „Standard" folgendermaßen aus:

Ursprungsland: Deutschland

Gesamteindruck

Mittelgroßer, kraftvoller, aber nicht plumper langhaariger Gebrauchs-hund. Hart und wetterfest, unerschrocken und aufmerksam, guter Läu-fer und Springer. Geschlechtsunterschiede deutlich erkennbar.
(Substanzlose, plump wirkende, schußscheue, ängstliche oder ausge-sprochen träge Hunde sind nicht zuchttauglich. Stark rüdenhaft wir-kende Hündinnen oder hündinnenhaft erscheinende Rüden sind eben-falls nicht zur Zucht zu verwenden).

Größe (Schulterhöhe)

Rüden 63–70 cm, Hündinnen 58–65 cm. Das Gewicht soll der Größe des Hundes angepaßt sein.

Körperbau

Kopf: Kräftiger Kopf mit gewölbter, breiter Stirn, Kopfhaut stramm anliegend. Gerader Nasenrücken, nicht zu lang, aber auch nicht gedrungen, nicht länger als der Oberkopf (Spanne zwischen Hinterhauptbein und Stirnansatz). Die Geschlechtsunterschiede müssen in der Kopfform erkennbar sein. Die Nase ist gut ausgebildet, die Lefzen liegen an.
(Tiere mit bullenhaftem, zu breitem Schädel mit zu kur-zem Fang sowie Hunde mit zu schmalem Schädel mit zu langem Fang sind von der Zucht auszuschließen.)

141

Augen:	Dunkel, den Pigmenten angepaßt. (Zu helles Auge ist fehlerhaft, muß bei der Zuchtauswahl besonders beachtet werden.)
Behang (Ohren):	Hängeohr, dreieckig, in Form und Größe der Kopfform entsprechend, locker anliegend, die Ohröffnung verdeckend und nicht zu tief angesetzt. (Abstehender Behang und Rosenohr sind fehlerhaft, ebenso ungleich hoch oder zu tief angesetzter Behang. Völlig abstehender Behang, Steh- und Kippohren schließen das Tier von der Zucht aus.)
Gebiß:	Vollständiges, kräftiges Scherengebiß. Zangengebiß ist zulässig, muß aber beachtet werden. (Das Fehlen eines P1 oder eines M3 ist bei der Bewertung zu berücksichtigen und bei der Zuchtverwendung des Tieres besonders zu beachten. Fehlt außer den 4 P1- und den 2 MS-Zähnen irgendein anderer Zahn, so ist die Zuchtverwendung nicht möglich. Vor-, Über- oder Kreuzbeißer dürfen nicht zur Zucht eingesetzt werden.)
Hals:	Kräftig und mittellang, gut behaart, jedoch keine Kehlhaut oder Wamme. (Starke Mähnenbildung, Wamme oder starke Kehlhaut schließen das Tier von der Zucht aus.)
Brust:	Breit, tief, kräftig, harmonisch zum Gesamtbild passend. (Tiere mit geringer Vorbrust, zu schmaler und zu flacher Brust können nicht zur Zucht eingesetzt werden.)
Vorhand:	Gerade und kräftig, gut behaart, Sohlen hart, Pfoten geschlossen, Fesseln gut gefedert, nicht steil. Oberarm und Schulterblatt sollen möglichst rechtwinklig zueinander stehen. (Sehr bodenenge, sehr bodenweite sowie steile Fesseln sind fehlerhaft und bei Paarungen besonders zu beachten. Sehr fehlerhafte Oberarmwinkelung schließt das Tier von der Zucht aus.)

142

Rücken:	Fester, gerader Rücken, Kruppe leicht abfallend, nicht zu lang. Das Maß der Rumpflänge muß größer sein als das Maß der Schulterhöhe.
Hinterhand:	Gut gewinkelt und stark bemuskelt, kräftiges Sprunggelenk, Sohlen hart, Pfoten geschlossen. (Tiere mit stark überhöhter Hinterhand dürfen nicht zur Zucht verwendet werden. Bodenenge und bodenweite sowie hackenenge Hinterhandstellungen sind fehlerhaft. Bei Zuchteinsatz solcher Tiere ist auf diese Fehler besonders zu achten. Hovawarte dürfen nicht von Hüftgelenksdysplasie befallen sein; eine entsprechende Röntgenaufnahme mit Befund muß vorliegen.)
Rute:	Lang und gut behaart, bis unterhalb des Sprunggelenkes reichend, aber nicht bis zum Boden. Rutenhaltung im Stand gesenkt, in Erregung hoch geschwungen. Die Rute soll im Stand senkrecht aushängen. (Eine nach der Seite getragene Rute ist fehlerhaft und bei der Zuchtverwendung des Tieres zu beachten. Verknorpelungen eines oder mehrerer Glieder der Rute ist nicht als Knickrute zu bezeichnen.)

Haarkleid

Langhaarig, wollarm, leicht gewellt und geschlossen (kein Scheitel, keine Locke).
(Ein Scheitel ist fehlerhaft. Durchweg gelocktes Haarkleid schließt das Tier von der Zucht aus. Nur wirklich geschlossene Locken sind als solche zu werten.)

Stimme: Tief, voll, kräftig.

Farbe

Blond: Die mittelblonde Decke soll vom Nasenrücken bis zur Rutenspitze reichen und zu den Läufen und zum Bauch hin heller werden. Ein kleiner weißer Brustfleck und einzelne weiße Haare an der Rutenspitze sind zulässig.

(Blonde Hovawarte mit weißen Zehen, Gamaschen oder mit weißen Flecken an Körperteilen, die nicht in der Standardbeschreibung aufgeführt sind, gelten als Fehlfarben.)

Schwarz: Tiefschwarz, kleiner weißer Brustfleck und einzelne weiße Haare an der Rutenspitze sind zulässig.

(Schwarze Hunde mit braunen oder grauen Flecken bzw. weißen Flekken an Körperteilen, die nicht in der Standardbeschreibung aufgeführt sind, gelten als Fehlfarben. Ebenso ist durchweg graue und braune Unterwolle als Farbfehler zu werten.)

Schwarzmarkenfarbig: Marken mittelblond bis goldbraun; am Kopf sollen die Marken unterhalb des Nasenrückens und unterhalb der Augen beginnen und bis zum Halsansatz reichen. Die Punkte über den Augen sollen sichtbar sein. Marken am Halsansatz und auf der Brust müssen vorhanden sein. Die Markenzeichnung an der Brust darf nicht in die Vorderläufe übergehen. – Bei den Vorderläufen sollen die Marken (von der Seite her gesehen) von den Zehen beginnend bis etwa zum Vorderfußwurzelgelenk reichen und nach hinten in der Höhe des Rumpfes auslaufen (Ellenbogen). – An den Hinterläufen ist die Markenzeichnung fast bis zur Bauchdecke erwünscht. Beginnend von den Zehen, soll – seitlich gesehen – oberhalb des Sprunggelenks nur ein schmaler mittelblonder bis goldbrauner Streifen sichtbar sein. – Die Markenzeichnung unterhalb des Rutenansatzes soll sichtbar sein. Ein kleiner weißer Brustfleck und einzelne weiße Haare an der Rutenspitze sind zulässig. (Fahle Marken oder fehlende Marken am Kopf und an der Brust sind fehlerhaft. Ausgesprochen graue Marken sowie graue oder braune Unterwolle gelten als Fehlfarben.)

Fehlfarben: Hunde mit Fehlfarben dürfen nicht zur Zucht verwandt werden.

XVI   Blonder Hovawart, Kopfstudie

Zuchtgrundsätze

Warum viele Vereinsmitglieder Hunde züchten wollen, hat Prof. Dr. Felix Müller vom Berliner Universitätsinstitut für kleine Haustiere vor Jahren in einem Vortrag einmal lapidar mit den Worten ausgedrückt: „Weil es ganz einfach Spaß macht!" Ja, so ist es tatsächlich. Hat der neue Besitzer eines Hovawartwelpen diesen mit Freude und Sorgfalt aufgezogen, wird er sehr leicht auf den Gedanken kommen, selbst Hovawarte zu züchten. Er ist ja zumeist davon überzeugt, daß gerade sein Hovawart dem Idealbild der Rasse entspricht, er ist sehr stolz auf seinen Liebling und glaubt, daß er mit seinem Rüden oder seiner Hündin besonders gute Vertreter seiner liebgewordenen Rasse züchten würde.

Der Rassezuchtverein hat nun aber sehr strenge Zuchtgrundsätze aufgestellt, damit nicht irgendwelche Zufallsprodukte entstehen, sondern Hovawarte, die körperlich voll den Standardmerkmalen entsprechen und die für eine Gebrauchshunderasse notwendigen Wesensmerkmale an Mut, guter Nervenverfassung und kämpferischen Anlagen aufweisen. Die Hunde werden schon vom Alter einiger Monate ab bis zum vollen Ausgewachsensein auf mehreren internen Zuchtveranstaltungen von gut ausgebildeten Richtern und Körmeistern genauestens geprüft und beurteilt.

Die Zuchtgrundsätze sind immer etwas im Fluß; sie werden von dem Zuchtleiter, den Richtern und Körmeistern und Zuchtwarten der Landesgruppen ständig auf ihre Wirksamkeit überprüft und analysiert. Vorsicht ist geboten, daß hier nicht im Übereifer, die Perfektion zu erreichen, die Expertenautorität den Willen zu züchten, die Freude am Züchten bei den zuchtwilligen Mitgliedern unterdrückt. Wenn dieser Grundimpuls „weil es ganz einfach Spaß macht" gelähmt wird, ist es mit einer lebendigen Rassehundezucht vorbei.

146

Ausstellungswesen

Etwas ganz Wesentliches in der Kynologie sind die großen internationalen Hundeausstellungen des VDH und der FCI (Fédération Cynologique Internationale). Die ersten Hunderassen, die Ende des vorigen Jahrhunderts an die Öffentlichkeit traten, wurden auf Hundeausstellungen gezeigt. Dort wurde ihre Eigenheit als Rasse festgelegt und dokumentiert. Es war von da ab der Ehrgeiz jeder neuen Rasse, auf einer großen Hundeausstellung gezeigt und damit als Rasse anerkannt zu werden.

Auf den großen „Internationalen Rassehunde-Zuchtschauen" wird als größte Auszeichnung für alle Rassen das „CaCIB" für den schönsten Hund jeder Rasse vergeben. „CaCIB" heißt auf französisch „Championat Cynologique International de Beauté" und auf deutsch „Internationales Schönheits-Championat". Die Hunde werden in verschiedenen Alters- und Leistungsklassen ausgestellt: Jugendklasse = 9–18 Monate; Offene Klasse = ab 15 Monate; Gebrauchshundklasse = ab 15 Monate mit Ausbildungskennzeichen; Siegerklasse = Hunde, die schon einmal einen Siegertitel errungen hatten; Seniorenklasse = Hunde ab 8 Jahren und außer Konkurrenz; Ehrenklasse = Hunde mit Siegertiteln und außer Konkurrenz.

Die Bewertungsnoten sind: „Vorzüglich", „Sehr gut", „Gut", „Genügend" und „Ungenügend".

Außerhalb des internationalen Rahmens gibt es die „Allgemeinen Rassehunde-Zuchtschauen" mit der Auszeichnung „Nationales Championat" (CAC).

Die einzelnen Rassen führen außerdem noch intern Spezial-Zuchtausstellungen durch.

Der alte Hovawart

Wie alt werden Hunde? Dies ist nicht leicht zu beantworten. Das ist sehr unterschiedlich, weil die Lebensumstände der Hunde so außerordentlich verschieden sind. Denn beim Lebensalter spielen die Umweltverhältnisse eine entscheidende Rolle. Das Durchschnittsalter des Hovawarts liegt bei etwa 11 Jahren. Ich habe im Laufe von 40 Jahren 11 Hovawarte gehabt; die meisten sind nicht ganz 10 Jahre alt geworden, weil sie wegen Krebs eingeschläfert werden mußten. Dies war jedesmal eine erschütternde Situation für alle Familienmitglieder, die nun Abschied nehmen mußten von ihrem lieben und so bescheidenen Lebensgefährten. Die Frage, warum das so früh sein muß mit unseren Kameraden, hat mich immer sehr beschäftigt. Auch mit Prof. Dr. Felix Müller habe ich diese Frage Anfang der sechziger Jahre einmal diskutiert, wohl auch anläßlich einer Einschläferung eines meiner Hovawarte wegen Krebs. Professor Müller warf dabei die Frage auf, ob man nicht mit alten Hunden züchten sollte, um das Durchschnittsalter der Hovawarte vielleicht auf 16 Jahre heraufzuzüchten. Die Rassezuchtvereine haben meistens ein strenges Zuchtverbot für Hündinnen über 6 Jahre, das nur selten auf Antrag aufgehoben wird. Die Anregung für zukünftige Zuchtaufgaben soll hier noch einmal aufgegriffen werden. Ein solcher Erfolg wäre schon eine kynologische Sensation für eine große Hunderasse und für die Besitzer ein Geschenk des Himmels.

Auf den alten Hovawart müssen wir in vielerlei Hinsicht Rücksicht nehmen. Das Futter muß weicher sein, das Fleisch ganz klein geschnitten werden. Die Spaziergänge dürfen nicht mehr so lange ausgedehnt werden; vielleicht dafür mehrmals eine halbe Stunde am Tag, je nach der körperlichen Verfassung. Der alte Hovawart braucht noch mehr Zuwendung, noch öfter ein paar liebe Worte und Streicheln. Er sucht noch mehr die Nähe seiner Familie, er sucht Schutz und Sicherheit bei seinen Menschen.

Wir geben ihm das gerne, er hat es sich verdient durch all die Jahre, die wir zusammen durchs Leben gingen. Wir werden ihm auch helfen in seiner letzten Stunde und ihn von Schmerzen befreien, wenn es keine andere Lösung mehr gibt. Es wäre nur Egoismus, wenn wir sein Leiden

XVII „Asta v. hohen Riffler", SchH II, FH, 12 Jahre alt

immer noch ein paar Tage verlängern würden, weil uns der Abschied von unserem Freund so schwer fällt.
„Wir werden Dich, lieber Hovawart, nie vergessen."

Wie innig der Mensch mit einem Tier verbunden sein kann, sehen wir an den Hunde- und Katzenfriedhöfen, die es schon in vielen Ländern gibt, und an den ergreifenden Worten, die Dichter und Philosophen ihren Tieren gewidmet haben. Einer der größten englischen Dichter, Lord Byron, ließ seinem Neufundländer auf dem Grabstein folgende Inschrift eingravieren:

„Wenn irgendein stolzer Menschensohn
wieder zur Erde zurückkehrt,
dem Ruhme unbekannt,
aber durch seine Geburt hochgehalten,
dann überbietet sich die Kunst des Bildhauers
in der Pracht der Wehklage,
und aufgetürmte Urnen
erinnern an diejenigen, die unten ruhen:
Wenn das alles fertig ist,
sieht man auf dem Grab nicht,
was er war, sondern was er hätte sein sollen:
Aber der arme Hund,
im Leben der stärkste Freund,
der erste, der einen willkommen heißt,
der einen an vorderster Stelle verteidigt,
dessen ehrliches Herz
noch seines eigenen Herrn Herz ist,
der sich abmüht, kämpft, lebt und atmet
für ihn, seinen Herrn, allein.
Ungeehrt fällt er,
unbeachtet ist all sein Wert,
verleugnet ist im Himmel die Seele,
die er auf Erden hatte,
während der Mensch, eitles Insekt,
auf Vergebung hofft
und für sich selbst

einen einzigen, exklusiven Himmel beansprucht.
Oh Mensch, du schwacher Besitzer einer Stunde,
gedemütigt, durch Sklaverei
oder korrupt durch Macht,
wer Dich gut kennt,
muß Dich mit Abscheu verlassen,
Du heruntergekommene Masse aus belebtem Staub.
Deine Liebe ist Begierde,
Deine Freundschaft ein einziger Betrug,
Dein Lächeln Scheinheiligkeit,
Deine Worte sind Täuschung!
Von Natur aus niedrig,
geadelt nur durch den Namen,
könnte Dich jedes verwandte wilde Tier
auffordern,
vor Scham zu erröten,
Du, der Du zufällig
diese einfache Urne erblickst,
geh' weiter,
Sie ehrt niemanden, den Du zu betrauern wünschest:
Um eines Freundes Überreste zu kennzeichnen,
erheben sich diese Steine:
Ich kannte stets nur einen,
und hier liegt er."

Newstead Abbey, 30. November 1808

Der Preußenkönig Friedrich der Große hat dies kurz und prägnant
ausgedrückt:

Die Hunde sind viel besser und treuer als die Menschen.
Die sogenannten Ebenbilder Gottes können noch
viel von den Hunden lernen.

Friedrich der Große

151

XVIII   „Asta v. hohen Riffler", 15 Jahre alt

Anhang

Die Organisation des RZV für Hovawarthunde e. V. (Rechtssitz Coburg)

1. Präsidentin:	Diana Wolf, Neue Straße 187, 70186 Stuttgart, Telefon 07 11 / 46 84 53, Fax 07 11 / 46 84 51
Geschäftsstelle:	Am Hermannsbrunnen 33, 58239 Schwerte, Tel. und Fax 0 23 04 / 4 53 05
Landesgruppen:	
Baden:	Hans-Peter Pithan, Sperlingsweg 16, 33818 Leopoldshöhe, Tel. 0 52 02 / 88 47 28
Bayern:	Helge Ludwig, Kreuzeckstraße 14, 86163 Augsburg, Tel. 08 21 / 66 52 88
Hessen:	Lothar Neumann (kommiss.), Rüsselsheimer Allee 3, 55130 Mainz, Tel. 0 61 31 / 88 38 88
Niedersachsen:	Monika Bauer, Hägewiesen 8, 31311 Uetze/Obershagen, Tel. 0 51 47 / 83 37, Fax 75 43
Nord:	Karl-Wilhelm Hass, Hansaring 1, 24223 Raisdorf, Tel. 0 43 07 / 4 02
Nordost:	Barbara Milde, Zimmerstraße 5, 13595 Berlin, Tel. 0 30 / 3 31 77 14
Oldenburg:	Ingo Blome, Feldhusstraße 16, 27755 Delmenhorst, Tel. 0 42 21 / 2 42 97
Rheinland:	Heinz Scheppler (kommiss.), Delhovener Straße 8, 50259 Pulheim, Tel. 0 22 38 / 23 63
Südost:	Michael Kunze, Juliengasse 7, 07922 Tanna, Tel. 03 66 46 / 2 02 69, Fax 03 66 46 / 2 08 91

Südwest:	Brigitte Heines (kommiss.), Fliederstraße 5, 67112 Mutterstadt
Westfalen:	Michael Vorsatz, Am Hausbruch 2, 58239 Schwerte, Tel. 0 23 04 / 4 09 09
Württemberg:	Diana Wolf (2. Vors.), Neue Straße 187, 70186 Stuttgart, Tel. 07 11 / 46 84 53, Fax 07 11 / 46 84 51

Internationale Hovawart-Föderation

Dänemark
Deutschland
Finnland
Frankreich
Großbritannien
Niederlande
Norwegen
Österreich
Schweden
USA

Literatur

Bengeforth, F. und Heinz Radam: Der Hovawart, Otto Meißners Verlag, Berlin, 1966.

Bengeforth, F. und Heinz Radam: Der Hovawart, Paul Parey Verlag, Hamburg, 1983.

Bengeforth, F.: Der Hovawart, die 7. Gebrauchshunderasse? Programmheft Bundes-Leistungssiegerprüfung Weil 1961; 40 Jahre Hovawartzucht, Zuchtbuch für Howawarthunde, 1962; Der Hovawart, von der Geburt bis zum Gebrauchshund, Programmheft Bundes-Leistungssiegerprüfung 1964, Schwerte/Ruhr

Heidrun Blasius: Der Hovawart

Prof. Dr. Helmut de Boor: Hinweise und Erläuterungen zu germanischen und mittelhochdeutschen Schriften

Briefwechsel zwischen Curt F. König und E. Krüger, Alwin Busch et al.

„Der Spiegel" sowie verschiedene andere Zeitschriften

„Deutsches Ärzteblatt", diverse Ausgaben

Prof. Dr. W. Herre: Vom Wolf zum Haushund, Unser Rassehund, Nr. 1. 1964, Neue Universität, Institut für Haustierkunde

Susanne Kerl: Der Hovawart, Müller-Rüschlikon

Prof. Dr. Koch, Walter: Abstammung und Rassegeschichte des Hundes, Kynologischer Weltkongreß 1956

C. F. König: Was ist die Hovawartzucht? Hovawart-Leistungs-Zuchtausweis

Dr. phil. Lange-Kowal: Hinweise und Erläuterungen zu germanischen und römischen Schriften (Plinius, d. Ältere, Historia naturalis, Buch 8, Kap. 40 De canibus) Deutsche Übersetzung Lord Byron, Grabinschrift

Prof. Dr. K. Lorenz: So kam der Mensch auf den Hund, Verlag Dr. G. Borotha-Schoeler, Wien, 1954

Konrad Most: Die Abrichtung des Hundes, Gersbach u. Sohn Verlag, 1951, Braunschweig

Hermann Schneider: Germanische Altertumskunde, Beck'sche Verlagsbuchhandlung München 1938

Wilhelm Frick-Verlag u. Co., Wien, Stuttgart, Zürich, 1961: Kalte Schnauzen, heiße Herzen

Abbildungsnachweis

Schwarzweißabbildungen

F. Bengeforth, 14055 Berlin
RZV-Archiv, Arno Bischoff, 27243 Harpstedt

Farbbilder

F. Bengeforth, 14055 Berlin
Edith und Eduard Kratzer, Wien
Georgina Pratt, A-6370 Kitzbühel
Ute Steininger, 87671 Ronsberg/Allgäu
Ingrid Swienty, A-1130 Wien
Christine Wiesmüller, 87474 Buchenberg/Allgäu
Diana Wolf, 1. Präsidentin des RZV Hovawarthunde
Martina Glase, Berlin